Max Perlbach

Versuch einer Geschichte der Universitätsbibliothek zu Greifswald

Erstes Heft: bis 1785

Max Perlbach

Versuch einer Geschichte der Universitätsbibliothek zu Greifswald
Erstes Heft: bis 1785

ISBN/EAN: 9783743610293

Hergestellt in Europa, USA, Kanada, Australien, Japan

Cover: Foto ©Andreas Hilbeck / pixelio.de

Manufactured and distributed by brebook publishing software (www.brebook.com)

Max Perlbach

Versuch einer Geschichte der Universitätsbibliothek zu Greifswald

VERSUCH

EINER GESCHICHTE
DER
UNIVERSITÄTS-BIBLIOTHEK
ZU
GREIFSWALD

VON

DR. M. PERLBACH.

ERSTES HEFT.
BIS 1785.

GREIFSWALD,
VERLAG VON L. BAMBERG.
1882.

ZUR ERÖFFNUNG DES NEUEN BIBLIOTHEKSGEBÄUDES ZU GREIFSWALD

IM OCTOBER 1882.

Inhalt.

	Seite
Vorwort	VII

Capitel I.
Die alte Universitäts-Bibliothek vor der Reformation 1

Capitel II.
Die neue Universitäts-Bibliothek im 17. Jahrhundert 6

Capitel III.
Die Bibliothek von 1698—1747 unter den Bibliothekaren Saalbach, Horn und Westphal 19

Capitel IV.
Johann Carl Dähnert 40

Vorwort.

Der Zeitpunkt, an welchem die Königliche Universitäts-Bibliothek zu Greifswald sich anschickt, die einfachen und vielfach unbequemen Räume, die sie seit 132 Jahren, sich allmählich ausbreitend, im Universitätsgebäude einnahm, mit einem eigenen nach allen Regeln moderner Bibliothekstechnik errichteten Gebäude zu vertauschen, erscheint nicht ungeeignet, das Entstehen und die Schicksale dieser Büchersammlung einer kurzen Betrachtung zu unterziehen. Ein Beamter der Bibliothek hat auf den folgenden Blättern versucht, an der Hand der gedruckten Sammlungen und Darstellungen der Greifswalder Universitätsgeschichte, der Acten des Universitätsarchivs und der Geschäftsbücher der Bibliothek die Geschichte des Institutes in den ersten zwei Jahrhunderten zur Darstellung zu bringen. Der vorliegende Abschnitt reicht bis zum Tode des hervorragendsten Bibliothekars, der die Anstalt in ihren alten Räumen geleitet hat und recht eigentlich als ihr Begründer anzusehen ist, Johann Carl Dähnert. Mit seinem Tode tritt in den folgenden letzten dreissig Jahren der schwedischen Herrschaft über Neuvorpommern (1785—1815) eine gewisse Stagnation in der Entwickelung der Bibliothek ein, für die erst unter der preussischen

Herrschaft die Mittel reichlicher zu fliessen beginnen. Den Umfang, den dieselbe jetzt bei ihrer Uebersiedelung in das neue Gebäude erreicht hat, 120,000 Bände und 30,000 Programme und Dissertationen, verdankt sie vornehmlich der Thätigkeit der beiden letzten Bibliothekare, des Philologen Schömann (1843—1865) und des Historikers Theodor Hirsch (1865—1881). Möge auch in den neuen, schönen Räumen ein günstiges Geschick ihr beschieden sein.

Capitel I.

Die alte Universitäts-Bibliothek vor der Reformation.

Die erste Entstehung der Greifswalder Universitäts-Bibliothek fällt in das Gründungsjahr der Universität selbst, in welchem der Stifter und erste Rector, der Greifswalder Bürgermeister Heinrich Rubenow, in seinem vom 11. November 1456 datirten Testamente der Juristen-Facultät alle seine Bücher vermachte: hiir baven an, heisst es in der Urkunde[1]), gheve ik deme studio alle myne boke, textualia unde lecturen, summen unde sexternen, bunden unde unghebunden, watterleye se syn unde in wat kunst; de scholen denen to ener librarien der iuristen na lude mynes testamentes. Men oft ik vamme Gripeswolde wanen toghe, oft andere nôdsake my anville, dat ik myne boke gantz edder ên dêl voranderen edder vorkopen wolde, edder oft my welk unwille scheghe van den regenten in deme studio, so beholde ik my vulle macht, desse gift der boke wedder to ropende, unde myd mynen boken to varende wo ik wil. Men schut dyt nicht, so scholet se ewich by der iuristen faculteten bliven. Men an alle boke hinden unde vor schal me myd textscrift scriven laten, dat ik se gheven hebbe to ener dachtnisse. Dit schal dat studium alle dôn laten unde bekostigen, êr de boke vorantwerdet werden. Unde van dessen boken schal me nummer ên vorkopen oft voranderen, sunder me kope ên beter wedder myd deme ghelde unde scrive mynen namen dar wedder in to myner ewigen dachtnisse. Ok schal me buten de stad dar nene af vorlênen nummer mer, men hîr bynnen wol, men doch nicht sunder gude pande io so gûd alze dat bôk. Den

---
[1]) Kosegarten, Geschichte der Universität Greifswald II, 40.

Werth seiner Bibliothek schätzte Rubenow auf über 1000 (Gold)-
gulden; in den Annalen der Universität hat er diese Schenkung
selbst verzeichnet: Hinricus Rubenow utriusque iuris doctor et
primus plantator .... dedit universitati nostre in dotem omnes
solempnos libros suos in valore mille florenorum et ultra [1]). Ueber
Umfang und Inhalt der Rubenow'schen Bibliothek sind wir nicht
unterrichtet, selbstverständlich ist nur, dass sie ausschliesslich
aus Handschriften bestanden haben kann, da der Bücherdruck ja
erst eben begonnen hatte. Die jetzige Universitäts-Bibliothek besitzt leider die Manuscripte Rubenow's nicht mehr: einen kleinen
Theil derselben, im Ganzen nur acht Bände, glaubte Pyl im
Jahre 1865 in der Bibliothek der Nicolai-Kirche in Greifswald
nachweisen zu können, nachdem schon im vorigen Jahrhundert
mehrfach die Vermuthung ausgesprochen war, dass die Kirchen-
bibliothek jene Schenkung aufbewahre: erweisen lässt sich beim
Fehlen aller Nachrichten dieser Uebergang jedoch nicht, ja wir
wissen nicht einmal, ob die Absicht Rubenow's zur Ausführung
gelangt ist: er hatte sich ausdrücklich den Widerruf und die freie
Verfügung über seine Bücher vorbehalten, falls ihm Unrecht von
einem kommenden Rectorate geschehe, schon 1457 aber wurde er
am 22. September aus der Stadt vertrieben: er kehrte zwar im
December desselben Jahres zurück und wurde in seine Aemter,
städtische wie akademische, wieder eingesetzt, aber bekannt ist,
wie ihm seine Mitbürger schliesslich mit der Ermordung für die
Stiftung der Universität gedankt haben (31. Dec. 1462). Muss
es somit ungewiss bleiben, ob Rubenow's Büchersammlung überhaupt in den Besitz der Universität gekommen ist, so erfahren
wir von einer anderen Bücherschenkung an die Juristen, welche
der am 27. Juni 1475 verstorbene Professor Georg Walter (aus
Preussen) in seinem Testament mit seiner ganzen Bibliothek
machte: ein Commentar über das erste und zweite Buch der
Decretalen und consilia iuris canonici von ihm haben sich hand-
schriftlich in der Nicolaikirchenbibliothek erhalten [2]) und werden
wohl aus dieser Schenkung stammen.

---

[1]) Kosegarten l. c. II, 159. Im Album der Universität erwähnt Rubenow ebenfalls die Schenkung seiner Bücher: ... eciam cum omnibus libris meis, quos tamen pro mille florenis nulli darem. Kosegarten II, 259.

[2]) Pyl, Rubenow-Bibliothek S. 40—47.

Etwas genauer sind wir über die Bibliothek der Artistenfacultät unterrichtet, welche 1459 unter Rubenow's drittem Rectorat ihren Anfang nahm: er selbst hat in den Annalen Folgendes darüber aufgezeichnet[1]):

De erectione prime librarie in facultate arcium. Illo tempore fuit primo deputatus et eciam adaptatus locus in maiori collegio artistarum pro libraria et ordinati duo provisores pro eadem, et statim fuerunt ad eandem dati diversi libri per eundem dominum rectorem et magistros Tidericum Steffani et Johannem Parleberch ac eciam magistrum Nicolaum Degantz medicine licentiatum, qui pro ista librariarum tamen donacione suarum inchoarunt, prout in libro facultatis arcium desuper confecto plenius continetur. Et idem dominus rector pro prima inchoacione dedit XXIIII kathenas bene preparatas pro libris conservandis. Diese Artisten-Bibliothek erhielt in den nächsten zwanzig Jahren (1461—1482) verschiedene Geschenke: so vermachte ihr 1461 der Rector Heinrich Nakke, der im Januar dieses Jahres starb, mehrere Bände[2]), 1469 schenkte ihr Magister Jacob Stake bei seinem Abgang einen Commentar über Aristoteles' Physik[3]), 1473 bekam sie von dem bereits bei der Stiftung betheiligten Johann Parleberch vier Bände Aristotelischer Schriften[4]) und endlich 1482 hinterliess ihr Magister Johann Reberch von Lindenow zwei Bände ebenfalls Aristotelischer Bücher[5]). Die Aufsicht über die Bücher der Artistenfacultät führte der Decan, wie sich aus einem die Bibliothek betreffenden Facultäts-Beschluss von 1463 ergiebt:

In[6]) feria quarta ante festum pentecostes (Mai 25) conclusum fuit, convocacione ad hoc specialiter facta, ut de mandato decani, quod fuit sub pena prestiti iuramenti, libri facultatis reportarentur infra octavam facultati, si quis aliquem haberet et quod de cetero decanus pro tempore contra teneretur respondere novo electo de se non alienaret aliquem librum facultatis, nisi prehabita caucione sufficienti aut ad minus recognicione quam habet locare ad cistam

---

[1]) Kosegarten II, 170. — [2]) Kosegarten II, 177. — [3]) unam antiquam lecturam super phisicorum in papiro ib. II, 217. — [4]) textum metaphisice, textum phisicorum, textum posteriorum et textum veteris artis, priores duos in magnis voluminibus, alios vero in parvis ib. II, 221. — [5]) in uno continentur questiones Buridani super libros phisicorum, in alio conclusiones circa libros de celo et mundo et alios libros naturalis phisice ib. 230. — [6]) Kosegarten ib. 208.

facultatis, ubi eciam debent collocari libri facultatis nondum catenati et ibidem custodiri. Vermuthlich war der jedesmalige Decan einer der beiden provisores, welche Rubenow zu 1459 bei der Stiftung der Artistenbibliothek erwähnt: im collegium maius, der Wohnung von 6 Lehrern der Artistenfacultät (an der Stelle des jetzigen Universitäts-Gebäudes), befand sich wohl auch die Bibliothek nebst der cista facultatis mit den noch nicht angeketteten Büchern. Es hat sich auch ein Catalog über diese Bibliothek erhalten, der von 7 verschiedenen Händen in 12 unterschiedlichen Aufzeichnungen 74 Bände anführt und allmählich zwischen 1460 bis 1517 angelegt ist: auch er wurde wohl vom Decan geführt. Wir finden in diesem ältesten Catalog der Artistenbibliothek, welcher 1483 von dem Decan Enwald Kleyne in das Decanatbuch der Artistenfacultät eingebunden wurde, 55 Aristotelische Schriften, 12 andere philosophischen Inhalts, 4 grammatische, 9 mathematische Tractate und einen Himmelsglobus, 13 theologische Bücher und 9 medicinische [1]). Nur ein kleiner Theil derselben, die auch zum grössten Theil aus Handschriften bestanden haben, hat sich auf der Nicolaikirchenbibliothek erhalten, nur 12 lassen sich daselbst noch mit Sicherheit nachweisen [2]): die heutige Universitäts-Bibliothek besitzt von den Büchern der Artistenfacultät kein einziges mehr. Denn in den stürmischen Jahren der Reformation, als die Universität selbst verödete und mehr als 12 Jahre fast alle Vorlesungen aufgehört hatten [3]), sind auch die Bücher der Artisten- und Juristenfacultät verloren gegangen. Nach einer Notiz Jacob Gerschow's, Professors der Geschichte um 1640, wurden damals die Bücher der Universität im Rathhause untergebracht [4]): die nicht weiter beglaubigte Nachricht gewinnt durch die Thatsache eine innere Wahrscheinlichkeit, dass ein kleiner Rest der beiden Bibliotheken sich bis zum heutigen Tage in der städtischen Nicolaikirche erhalten hat, wohin sie 1599 aus dem aufgehobenen Minoritenkloster gebracht worden sind: im Minoritenkloster wurden in Folge des Recesses von 1558 alle noch brauchbaren Bücher aus Kirchen und Klöstern der Stadt vereinigt, die unbrauchbaren und überflüssigen Bücher aber sollten damals „bei

---

[1]) Pyl, Rubenow-Bibliothek 137—153. — [2]) ib. 157 ff. — [3]) Kosegarten I, 186. — [4]) Kosegarten I, 180.

einzelnen Centnern" als Maculatur verkauft werden: davon ist vermuthlich der grösste Theil der beiden Facultäts-Bibliotheken betroffen worden. Die 1539 neuerstandene evangelische Universität hat ihr Eigenthum nicht reclamirt, die scholastische Philosophie, welche den grössten Theil der Bibliothek der Artistenfacultät ausmachte, und das canonische Recht, welches wahrscheinlich eben so stark in der Juristen-Bibliothek vertreten gewesen ist, hatten der neuen Lehre gegenüber ihre Bedeutung verloren; daher kümmerte man sich um jene papistischen Bücher nicht weiter und überliess sie ihrem Schicksal. Erst 64 Jahre später dachte die Universität an die Gründung einer Bibliothek, aber auch damals handelte es sich nicht um die Wiederbeschaffung der beiden alten Facultäts-Bibliotheken, sondern man ging an die Errichtung einer neuen den modernen Studien dienenden Sammlung. Diese haben wir zunächst zu betrachten.

Capitel II.
Die neue Universitäts-Bibliothek im 17. Jahrhundert.

Im Sommer des Jahres 1603[1]) wandte sich die Universität durch den Professor der Theologie und Generalsuperintendenten Friedrich Runge[2]) an den Buchhändler und Bürgermeister zu Wittenberg, Samuel Selfisch, den Herausgeber der Werke Luthers und Melanchthons, mit der Frage, ob er bereit sei der Universität eine grössere Anzahl wissenschaftlicher Werke gegen jährliche Abzahlung zu liefern. Selfisch, der Schwager Runge's, erklärte sich am 30. September von Leipzig aus, wo er sich zur Michaelismesse befand, gern bereit auf das Anerbieten einzugehen, versprach, sich mit einer jährlichen Zahlung von 30 fl. (zu 21 Groschen) zur Ostermesse zu begnügen und die in Leipzig und Wittenberg nicht vorhandenen Bücher aus Frankfurt kommen zu lassen: die Sendungen sollten über Rostock durch den Fuhrmann David Vicker nach Greifswald befördert werden. Am 20. December 1603 trat nun die Universität selbst mit dem Wittenberger Buchhändler in Verbindung, genehmigte seinen Vorschlag mit der Modification, dass Greifswalder Kaufleute den Transport besorgen sollten, womit Selfisch (1604 13. Februar Leipzig) zufrieden war. Beide Theile schlossen am 17. April 1604 einen förmlichen Vertrag, nach welchem Selfisch der Universität Bücher aus allen Facultäten „in den besten neuen Editionen" für 2000 fl. zur Neugründung einer Bibliothek liefern solle: über jede Sendung wird mit dem Universitäts-Siegel quittirt und jährlich zu Ostern 30 fl. abgezahlt werden, so dass in 67 Jahren die

---
[1]) Die folgende Darstellung beruht auf dem Actenstück II. 33 des Greifswalder Universitätsarchivs. — [2]) 1584—1604, Kosegarten I, 230.

ganze Schuld abgetragen sein würde: da der Buchhändler keine Zinsen berechnen durfte, muss man das Abkommen als ein für die Hochschule günstiges bezeichnen. Schon vor dem Abschluss dieses Vertrages hatte der Wittenberger Buchhändler eine vorläufige Desideratenliste erhalten, deren Titel jedoch für ihn theilweise nicht zu entziffern waren, auch enthielt sie viele augenblicklich nicht zu beschaffende Bücher. Deshalb wandte er sich an den gerade in Wittenberg anwesenden Greifswalder Philologen Petrus Bestenbostell[1]) um ein Verzeichniss über alle Wünsche der Universität: Bestenbostell berichtete diess nach Greifswald, wo gerade, als man sich anschickte Selfisch auf dieses Begehren zustimmend zu antworten, am 4. Mai 1604 die erste Büchersendung anlangte. Dieselbe bestand aus 184 juristischen, theologischen, philologischen und historischen Werken im Werthe von 685 fl.; die Bücher waren in drei Fässern verpackt und wogen 13 Centner (es waren meist Folianten): am 7. August desselben Jahres liess Selfisch eine zweite Sendung von 12 Werken (50 fl. Werth) nachfolgen. In den nächsten Jahren dauerte die Verbindung zwischen Greifswald und Wittenberg ununterbrochen fort: jährlich zu Ostern zahlte die Universität durch einen Greifswalder Kaufmann die fälligen dreissig Gulden und empfing bis 1609 noch vier Bücherlieferungen, 1605 am 4. Mai 131 Nrn. für 279 fl., 1606 am 24. Juli 46 Nrn. für 171 fl., 1608 am 9. Mai 24 Nrn. für 57 fl. und 1609 am 20. November 27 Werke für 108 fl., im Ganzen von 1604—1609 in 6 Terminen 424 Werke im Werthe von 1306 fl. Dazu kamen 1612, 1621 und 1624 noch drei Sendungen mit 8, 20 und 20 Werken, deren Werth sich auf 423 fl. belief, so dass Selfisch resp. seine Erben (er selbst war im Januar 1615 hochbetagt gestorben) insgesammt 472 Werke in c. 400 Bänden für 1729 fl. der Universität geliefert haben. Die Theologie und die verschiedenen Disciplinen der philosophischen Facultät bildeten den Hauptbestandtheil dieses ersten Stammes der Universitäts-Bibliothek, die beiden anderen Facultäten traten mit ihren Büchervorräthen mehr zurück. Zur völligen Ausführung ist aber die Uebereinkunft zwischen der Universität und dem Wittenberger Buchhändler durch die Ungunst der Zeiten nicht gelangt.

Das neue Lehrmittel der Universität fand seinen Platz in

---

[1]) 1600—1624, Kosegarten I, 234.

dem 1596 vollendeten Collegium Ernesto-Ludovicianum, worin ihm im Erdgeschoss die südöstliche Ecke eingeräumt wurde [1]). Nach Ankunft des vierten Bücherfasses aus Wittenberg, im Spätjahr 1606, ergab sich auch die Nothwendigkeit den neuen werthvollen und kostspieligen Besitz einer besonderen Obhut zu unterstellen, worüber das akademische Concil sich am 2. Januar 1607, unter dem Rectorat des Juristen Peter Froböse [2]), schlüssig machte: der Decan der philosophischen Facultät, Magister Peter Grabow aus Franzburg, wurde mit der Inspection betraut und ihm ein Gehalt von 20 fl. (oder 60 M.) bewilligt; von einem besonderen Bibliothekarseide wurde nach längeren Debatten Abstand genommen [3]). Es hat den Anschein, als ob die Bibliothek bis 1607 sich nicht unter genügender Aufsicht befunden habe, denn bald nach Grabow's Antritt werden Klagen über Defecte laut: schon 1606 am 2. Mai, nach Ankunft der dritten Wittenberger Sendung, hatte sich die Universität bei Selfisch beschwert, dass seine Rechnung nicht völlig mit dem vorgefundenen Bücherbestande übereinstimme, er hatte die Ergänzung des Fehlenden nach besten Kräften zugesagt: in der Concilssitzung vom 8. December 1608 (inzwischen war ein neuer Ballen eingetroffen) war bereits von einer Visitation die Rede, die der Bibliothekar Grabow für dringlich erklärte: freilich behauptete er später (Sitzung vom 10. Jan. 1612), dass Bücher schon vor seinem Amtsantritt gefehlt hätten, was allerdings aus dem Briefwechsel mit Selfisch hervorgeht. Vielleicht veranlassten diese Defecte die Universität eine Veränderung in der Verwaltung herbeizuführen: in der Concilssitzung vom 28. April 1610 wurde beschlossen, dass die Inspection der Bibliothek dem jedesmaligen Decan der philosophischen Facultät obliegen sollte: demzufolge wurde in die neuen Statuten der philosophischen Facultät, welche 1613 unter dem Decanat des Philologen Johannes Trygophorus entworfen sind, die Bestimmung aufgenommen: (Tit. II, cap. 23: Decanus) Bibliothecae inspector erit, utque libri academici nihil damni capiant prospiciet, pro quo labore annuatim 20 fl. ab universitate ei numerabuntur, in quo si negligens fuerit quicquid aut damnum datum ex aequo et bono

---

[1]) Das spätere medicinische Auditorium, vgl. A. v. Balthasar, Von den akademischen Gebäuden Greifswald 1750. 4° S. 11, Anm. 13. — [2]) 1573—1613, Kosegarten I, 218. — [3]) Das Protocoll dieser Sitzung ist noch vorhanden.

resarciet¹). Bei der Aufsicht der Bibliothek hatte ihm der Pedell (famulus), welcher im Collegium wohnt, Hilfe zu leisten, speciell Morgens und Abends für Lüftung und Schliessung zu sorgen, wofür er 6 M. (= 2 fl.) bezog ²): seit 1618 lässt sich diese Bibliotheksgebühr für den Pedell nachweisen, seit 1621 wurde sie beiden Pedellen gewährt ³). Von der Thätigkeit der Decane als Bibliothekare aus dieser ersten Zeit ist nur wenig bekannt: 1614/15 liess der Mathematiker Mevius Völschow die Bücher gedrängter aufstellen und einen neuen Catalog anlegen, mit welchem der alte unter Zuziehung eines Notars verglichen wurde. Auch liess er einen Tisch mit verschliessbarer Schieblade für die Acten und Register anfertigen⁴). Für die Vermehrung der Bibliothek sorgten zwei Concilsbeschlüsse, der erste vom 23. September 1609 verpflichtete den Universitätsbuchdrucker (Augustin Ferber) von allen bei ihm gedruckten Exemplaren eins in die Liberei zu geben, der zweite, während des Decanats von Alexander Christiani 1620/21 gefasste, bestimmte: ut omnes disputationes et libri publice vel privatim conscripti per famulos colligantur et a decano bibliothecae publicae inserantur. Feci hic ego initium; nullatenus dubito, quin et reliqui mei domini collegae suum posteritati probaturi sint studium⁵). Für die Conservirung der Bücher sorgte ein Beschluss, der unter Balthasar Rhaw's (Philosoph, später Theologe, 1625/39) Decanat (1626/27) zu Stande kam: nach der Wahl des neuen Decans sollte ihm sofort sein Vorgänger die Bibliothek übergeben, dazu müssten alle ausgeliehenen Bücher durch den Pedell eingefordert werden⁶).

Auch an die allmähliche Vergrösserung der Bibliothek durch Bildung eines besonderen Bibliotheksfonds wird bereits in dieser Zeit gedacht: drei Greifswalder Professoren, der Theologe Jacob Runge († 1595), der Philologe Balthasar Rhaw († 1601) und der Theologe Friedrich Runge († 1604), hatten der Universität je 100 fl. (= 300 M.) vermacht, deren Zinsen (zu 6 % = 18 fl. = 54 M.) für die Bibliothek bestimmt wurden. Ueber die Verwendung dieses Geldes wissen wir freilich nichts: ob die 18 fl. jährlich zur Abtragung der Schuld an Selfisch mit verwandt oder dafür weitere Bücherbestände erworben wurden, erfahren wir

---

¹) Stat. d. philos. Fac. — ²) ib. — ³) Vgl. die Procuraturregister aus diesen Jahren. — ⁴) Decanatbuch der Philos. II, 229ᵃ. — ⁵) ib. II, 233ᵛ. — ⁶) ib. II, 254ᵃ.

nicht: Ueberschüsse von einem Jahre zum anderen verzeichnen die Universitätsrechnungen (Procuraturregister) für diese Zinsbeträge nicht, es scheint also jedesmal alles ausgegeben zu sein. Leider verminderte sich diese Einnahmequelle für die Bibliothek sehr bald: als 1612 der Professor Peter Froböse, an welchen die 300 M. von Friedrich Runge verliehen waren, das Capital zurückzahlte, legte es die Universität nicht wieder zinstragend an, sondern verwandte die Summe zu „hochnotturftigen Ausgaben", unter Vorbehalt der Rückerstattung. Somit belief sich die Einnahme der Bibliothek (unter der Rubrik Bibliothekengeld in den Procuraturregistern aufgeführt) von 1612—1617/18 nur auf 36 M. (12 fl.); in diesem letzten Jahre ging auch das Jacob Runge'sche Legat verloren, weil die Erben des Mediciners Christian Calenus, bei dem das Geld untergebracht war, das Capital als Compensirung gegen Forderungen ihres Vaters einbehielten; als sie es nach zwei Jahren auszahlten, zog die Universität auch diese Summe ein: seit 1619/20 hörte auch der Ertrag des Rhaw'schen Legats auf.

Vielleicht steht mit dieser Verminderung der Einnahmen die Thatsache in Verbindung, dass seit 1613 die jährlichen Zahlungen an Selfisch in Wittenberg allmählich ins Stocken gerathen; von 1605—1612 waren die 8 Termine (240 fl.) regelmässig gezahlt worden: in den Jahren 1613, 1615, 1616 und 1619 fiel die Entrichtung des Geldes aus, doch wurden die rückständigen Summen in den Jahren 1617, 1618, 1620 nachgeholt. Seit 1616 beginnen die Mahnungen der Selfisch'schen Erben, von denen der eine, Mathias, das Geschäft des Vaters in Wittenberg fortführte, während ein anderer Bruder, Peter, in Stralsund einen Buchladen besass und häufig für seinen Bruder in Greifswald erschien. Noch waren beide Theile fest entschlossen, den Vertrag von 1604 inne zu halten: am 17. Mai 1621 versichern die Buchhändler von Wittenberg aus die Universität, dass sie den Contract „trotz der weitnausslangenden Bezahlung", obgleich sie auch „bei der Münze Schaden haben, sonderlich bei diesen itzt schwebenden unruhigen Zeiten" halten wollen, versprechen wieder Bücher zu schicken, was seit 1612 nicht mehr geschehen war „so nur Friede bleibt und man uf Frankfurt sicher kommen kann". Demgemäss trafen 1621 und 1624 noch zwei Büchertransporte in Greifswald ein, auch zahlte die Hochschule 1623, 1624 und 1627 noch 260 fl., womit alle Rückstände ausgeglichen waren, aber von jetzt an hörte für mehr als zwanzig Jahre der Verkehr gänzlich auf. Die schwere Zeit des dreissigjährigen Krieges brach über Pommern und Greifswald herein, Jahre lang lagen die Kaiserlichen in der Stadt, die Universität nahm stetig ab an Lehrern und Schülern und verlor alle ihre Einkünfte. Als 1631 am 28. Juli die Wittenberger Buchhändler an die seit 5 Jahren nicht mehr geleisteten Zahlungen erinnern, muss ihnen unter dem 5. October die Universität antworten, dass sie seit ebenso langer Zeit keine Salaria und Intraden erhalten hätte, sie möchten sich daher noch ein wenig gedulden[1]). Dreizehn Jahre scheint diese Mahnung zur Geduld gewirkt zu haben, denn erst 1644 meldet sich ein Selfisch wieder, jetzt bereits ein Enkel von Samuel, Christian Selfisch. In einem Schreiben vom 14. September 1644 mahnt er die Universität an die seit 17 Jahren rückständige Schuld, die auf 572 fl. oder 498 Thlr. aufgelaufen war, da für die nicht geleisteten Termine auch Zinsen verlangt wurden. Das Concil, aus 11 Professoren bestehend, sprach sich einstimmig für die Wiederaufnahme der Zahlungen aus und verordnete eine Visitation der Bibliothek: doch erst nach vier Jahren, im Jahre des Westphälischen Friedens, konnte die Universität wieder anfangen ihrer Verbindlichkeit nachzukommen: 1648 konnten die Zahlungen von Neuem beginnen, 60 fl. des inzwischen sehr verringerten pommerschen Münzfusses sollten jährlich gezahlt werden. Die häufigen kriegerischen Ereignisse, deren Schauplatz Pommern auch in der zweiten Hälfte des 17. Jahrhunderts war, liessen die Termine zu wiederholten Malen ausfallen, so 1653, 1660—1663, 1665, 1668, 1673, 1674 und 1676—1681: noch oft genug erhielten Selfisch' Erben, jetzt schon die vierte Generation, von der einer, Samuel Selfisch, Christians Sohn, 1672 in Greifswald Theologie studirte, auf ihre Mahnbriefe vertröstende Antworten: seit 1682 wurden die Zahlungen nicht mehr unterbrochen, bis am 25. Juni 1699 die letzte Rate der alten Schuld mit 74 fl. getilgt war. Während so die Universität schliesslich doch dem Vertrage von 1604 nachkam, ist nicht mit Bestimmtheit anzugeben, ob sie auch das ausbedungene Quantum

---

[1]) Während sich die gesammte Correspondenz mit Selfisch in dem Actenstück H. 33 des Universitäts-Archivs befindet, steht das Schreiben vom 5. October 1631 in V. 4.

an Büchern (für 2000 fl.) wirklich erhalten hat. Bis 1624 waren nur für 1729 fl. Bücher geliefert und diese selbe Summe erscheint als Schuld der Universität in den Procuraturregistern von 1655/56 bis 1657/58: dagegen legen die Register von 1684 an ausdrücklich die volle Summe von 2000 fl. (= 3500 fl. Pommersch) der Abrechnung zu Grunde. Spätere Bücherrechnungen von Selfisch als von 1624 sind nicht vorhanden, wir können daher nicht nachweisen, ob er für die Differenz von 271 fl. noch Bücher geliefert hat oder ob den Erben die volle Summe als Ersatz für den Zinsverlust von 28 Jahren gewährt worden ist.

Dieselben Ursachen, welche die Abtragung der Schuld an Selfisch bis an das Ende des 17. Jahrhunderts hinausschoben, bewirkten auch, dass die Bibliothek im ersten Säculum ihres Bestehens nur einen geringen Umfang erlangte. Zwar waren zu den drei bereits erwähnten Vermächtnissen noch zwei andere getreten, indem 1635 der Jurist Friedrich Gerschow der Bibliothek in seinem Testamente 100 fl. von seinem rückständigen Gehalt[1]), das er bei der Universität stehen hatte, vermachte, aber es ging mit dieser Schenkung ebenso wie mit den älteren Legaten. Die Universität behielt das Capital und zahlte keine Zinsen: ausnahmsweise führen einmal die Procuraturregister von 1643/44 9 M. als Ertrag dieser Stiftung an. Dasselbe Schicksal hatte eine grössere Zuwendung von 500 fl., welche der Landrath Albrecht von Wakenitz 1632 für die Bibliothek bestimmt hatte, das Capital wurde an die Herren von Osten ausgegeben, aber die Zinsen blieben, soweit sich aus den Procuraturregistern ersehen lässt, ebenfalls aus. So besass die Bibliothek nominell einen Fonds von 900 fl., von dem sie nicht den geringsten Nutzen hatte.

Seit 1637 Herzog Bogislaw XIV., der letzte Fürst aus dem alten pommerschen Herzogsstamm, die Augen geschlossen hatte, stand Greifswald mit dem übrigen Pommern unter der Botmässigkeit Schwedens, dem es 1648 im Westphälischen Frieden definitiv zugesprochen wurde. Schon vor dem Frieden war die neue Regierung bemüht die tiefen Wunden, welche der unselige Krieg der Hochschule geschlagen, zu heilen: auch die Bibliothek sollte nicht leer ausgehen, die Königin Christine hatte für dieselbe am 24. September 1653 in einem Bescheid auf die Wünsche einer

---

[1]) Gesterding, Beitrag zur Gesch. d. Stadt Greifswald n. 832.

Greifswalder Deputation eine jährliche Zuwendung von 100 Thalern versprochen[1]), aber das Geld ist nie gezahlt worden, vergebens mahnte die Universität 1661 und 1670 darum[2]): 1661 versprach die Regierung „dass bey Erleichterung des Staats danechst dieselbe Summe auf eine behagliche Zeit jährlich abgegeben, oder ihnen auch anstatt des Geldes jedesmal der Werth an Büchern abgefolget werde." (Dähnert, Landesurkunden II, 869). 1670 verwies man die Universität auf ihre eigenen Mittel. (Verfügung der Regierung vom 7. Nov. 1670:) „Es finden zwar auch I. K. M. billig, dass ihrer Vorfahren vorhin und ihre selbst Ao. 1661 gegebene Resolution, mittelst welcher der Universität zu nöthiger Vermehrung ihrer Bibliothek jährlich 100 Rthlr. aus der Königl. Cassa in Pommern versprochen, hinführo erfüllet werde, allein, weil es seine Difficultät findet, dieselbe jedesmal aus der Cassa abzulegen, so halten I. K. M. für die Akademie sicherer, dass solche Ausgabe mit auf ihren Staat geführet und von denen Mitteln, so aus geistlichen Hebungen der Akademie destiniret, zugleich abgetragen und genommen werden." (Dähnert, Landesurkunden II, 894). Bis 1689 hat demnach die Universitäts-Bibliothek keine regelmässigen Einnahmen gehabt: in diesem Jahre wurde unter Nicolaus Dassov's (Professor der Theologie 1683—1713) Rectorat der Beschluss gefasst, dass jeder neu immatriculirte Student einen Beitrag von 8 Groschen zur Bibliothek geben sollte[3]): eine alte Bestimmung, nach welcher jeder Candidat der oberen Facultäten einen ungarischen Gulden, jeder zur Magisterwürde zugelassene einen Thaler für die Bibliothek zu entrichten hatte, von welcher 1691 in den Concilsverhandlungen die Rede ist, scheint niemals in Kraft gewesen zu sein: wir hören nur einmal, 1671/72, von 18 Thalern, die der Rector Abraham Battus zur Bibliothek abführt[4]). Die Ausgaben für Instandhaltung des Bibliothekslocals bestritt in dieser Zeit die Universitätscasse: nur selten jedoch wird in den Procuraturregistern des 17. Jahrhunderts der Bibliothek gedacht. 1663/64 erhielt der Glaser für gemachte Fenster in der Bibliothek 6 gl. 1671/72 wurden die Repositorien umgestellt; bis zum selben Jahr scheinen zwei Privatbibliotheken, die des Philologen Marcus Bernardinus († 1663) und des Aurelius (der vielleicht

---

[1]) Koseg. II, 140 u. 181. — [2]) ib. S. 141. 142. — [3]) Album d. Univ. II, 442. — [4]) ib. II, 397.

nicht einmal der Universität angehörte) in der Bibliothek deponirt gewesen zu sein, denn für das Fortführen ihrer Bücher und Laden musste Fuhrlohn bezahlt werden. Als 1678 im Sommer die brandenburgische Armee die Stadt einschloss, liess man die Bibliothek aus ihrem Raum in eine Bretterhütte bringen, die von allen Seiten mit Erde bedeckt war (acht Fuder Mist waren dazu nöthig): nach der Uebergabe der Stadt am 7. November 1678 wurden am 23. desselben Monats die Bücher wieder in das Collegium zurückgebracht und die Hütte abgebrochen (Procuratur-Register von 1678/79). Ende October 1686 hatte der Universitäts-Maurer zwei Tage mit einem Handlanger über der Bibliothek auf dem „Windelboden" auszubessern.

Das 1604 der Bibliothek zur ebenen Erde eingeräumte Local scheint kein günstiges gewesen zu sein. Schon 1649 ist in der Concilssitzung vom 4. Mai die Rede die Bibliothek in das obere Stockwerk des Collegiums hinaufzubringen: auf den Vorschlag des Rectors Franz Stypmann (Jurist 1639—1650) äusserte sich nur der Theologe Johann Beringe (1636—1658) zustimmend, und die Uebersiedelung unterblieb. Am 31. August 1683 kam das Concil abermals auf die Sache zurück: es wird daran erinnert „dass für die Bibliothek ein anderer ort über der Erden und oben auf dem collegio musste zurecht gemacht werden, weil die Bücher unten seher verdorben." Es wurde beschlossen, dass der Rector die Schlüssel von Herrn D. Henning[1]) abfodern lassen und dem Decano facultatis philosophicae zustellen moge und zusehen, dass ein guter locus adaptiret werde. Henning, der zu spät in die Sitzung kam, erklärte „wegen der Bücher, dass in der Kriegeszeit sich Niemand an die Bücher gekehret habe und wundere er sich, wie man itzo sich über ihn beschweren konne, er wolle mit ehesten die Schlüssel von sich geben". Aber auch jetzt zerschlug sich die Sache, die Bibliothek blieb an ihrem alten ungünstigen Platz. Erst 11 Jahre später, 1694, wurde die Verlegung der Bibliothek von anderer Seite wieder angeregt, und zwar von der medicinischen Facultät, welche ein eigenes Auditorium im Collegium eingeräumt haben wollte: in der Concilssitzung vom 4. September 1694 wurde auf das betreffende Gesuch des Mediciners Johann Gerdes (1691—1700) vorgeschlagen, dass über dem Audi-

---

[1]) 1669—1704, Theologe, Koseg. I, 265.

torium der Juristen oder der Bibliothek ein solches Collegium
könne gemacht werden. Nach dieser Anregung schlief die Angelegenheit nicht wieder ein, wie 1649 und 1683, vielmehr beschäftigte sich das Concil in den nächsten Jahren, besonders als
Gerdes selbst 1695/96 Rector war, angelegentlicher als bisher
mit der Bibliothek.

In der Sitzung vom 14. November 1695 wurde Klage geführt,
dass die Strafgelder, welche der Rector dem jedesmaligen Inspector der Bibliothek aushändigen sollte, nicht eingeliefert würden.
Bei der Debatte über diesen Punkt kam auch die Personenfrage
zur Sprache. Seit 1648 war nämlich, wie bei den Statuten der
philosophischen Facultät von 1613 Tit. II. § 23 von späterer Hand
angemerkt ist, das Amt des Bibliothekars aus einem wechselnden
in ein dauerndes verwandelt worden, obwohl der Decan nach den
Procuraturregistern weiter die Gebühren von 10 fl. für die Inspection bezog.

Mit dieser Veränderung hängt es wohl zusammen, wenn 1660
der Mathematiker Joachim Rosenow bei Abgabe des Decanats in
das Album der philosophischen Facultät die Bemerkung einträgt,
dass ihm die Bibliothek nicht übergeben sei, er sie daher auch
nicht seinem Nachfolger überweisen könne: er verwahre sich gegen
etwaige Ansprüche an ihn auf Schadenersatz. Ein solcher dauernder Bibliothekar war wohl der Theologe Jakob Henning, der 1683
die Schlüssel zur Bibliothek führte: jetzt, 1695, hatte Joachim
Rosenow, der Senior der Universität, der er seit 1659 angehörte,
die Bibliothek in seiner Verwaltung, war aber unvermögend die
Bücher zu hanthiren, wie in jener Sitzung vom 14. Nov. von
Magister Christian Saalbach behauptet wurde. Es kam in dieser
Sitzung der Beschluss zu Stande, dass der Decan wieder die Aufsicht führen solle, obwohl sich mehrere Professoren für einen
ständigen Bibliothekar aussprachen, Rosenow sollte die Bücher
ausantworten: für bessere Einziehung der Strafgelder waren alle
Anwesenden; Gerdes erinnerte auch wieder daran „dass der locus
bibliothecae zu den Büchern nicht allzu bequem sei".

Am 2. Januar 1696 besichtigte nun der neue Rector Joh.
Gerdes mit Saalbach und dem Philosophen Benjamin Potzerne
den Raum über dem Collegium der Juristen im ersten Stock des
Universitätsgebäudes an der Nordostecke und fand, dass er leicht
zur Bibliothek könnte eingerichtet werden. Potzerne hatte bereits

ein Bibliotheks-Reglement (das aber nicht erhalten ist) entworfen. Das Concil billigte in einer Sitzung vom selben Tage den ausgesuchten Raum und beschloss die Verlegung der Bibliothek. Das bisherige Bibliothekzimmer sollte die medicinische Facultät als Auditorium erhalten. Demgemäss schlug der Rector in der nächsten Concilssitzung vom 28. April 1696 zur Ausführung der gefassten Beschlüsse vor, den Catalog der Bibliothek zu revidiren, die rückständigen Bibliotheksgelder abzuliefern, das Bibliotheksreglement zu berathen und Potzerne und Saalbach mit der Uebernahme der Bibliothek von Rosenow zu beauftragen. Bei der Berathung dieser vier Punkte ergab sich wieder Meinungsverschiedenheit: von mehreren Mitgliedern wurden Bedenken laut, ob der im Januar für die Bibliothek ausgesuchte Raum auch passend sei, ob das Gebäude in seinem oberen Stockwerk die Last der Bücher werde tragen können; auch wurde die Befürchtung ausgesprochen, dass der kostspielige Umbau eine Einbehaltung der Gehälter zur Folge haben könne. Aber gegen alle diese Bedenklichkeiten wusste es der Rector durchzusetzen, dass der Beschluss vom 2. Januar nicht umgestossen wurde. Das Concil genehmigte jetzt noch einmal die Translocation in den oberen Stock „modo dass salaria keinen Schaden leiden sollten, dass die materialia nicht zu kostbahr angeschafft werden". Dagegen wurde eine Veränderung in der Verwaltung der Bibliothek beschlossen, dass nämlich „die Decane der philosophischen Facultät die Inspection zwar haben, aber denselben einer adjungiret werden solle, der perpetuo die Oberinspection habe."

Noch einmal versuchte die Minorität, an der Spitze der Theologe Conrad Tiburtius Rango (1689—1700) und der Jurist Peter Mascow (1665—1719), in der folgenden Concilssitzung vom 3. Juli 1696 einen Sturm gegen die beabsichtigten Aenderungen, aber der Beschluss vom 28. April wurde aufrecht erhalten.

Nicht ohne Befriedigung trug der Rector Gerdes ins Album der Universität den Bericht über den Umbau des Bibliothekslocals ein (Album III, 10ᵃ): Sub hocce rectoratu dudum concepta et per satis multos rectoratus volutata resolutio de translocatione bibliothecae publicae deducta est in effectum. Adaptatus locus satis conveniens et spatiosus in superiori collegii academici boream spectante parte. Exaratae leges scriptae ad eiusmodi finem bonum necessariae. Factum munus bibliothecarii ambulatorium et prima vice oblatum viro nobilissimo atque excellentissimo domino magistro Benjamin Potzerne, qui procul dubio procurabit sub charactere hocce quae restant necessaria. Locus, ubi asservata fuit bibliotheca antea ex decreto reverendi concilii concessus gratiosae facultati medicae pro auditorio ordinario. Der Auszug der Bibliothek konnte aber noch nicht vor sich gehen: zunächst wurde im nächsten Jahr 1696/97 (vom 1. Mai an) unter Potzerne's Rectorat der eigentliche Umbau begonnen, worüber die Procuraturregister dieses Jahres eine Anzahl Nachrichten enthalten[1]): der Rector selbst schildert im Album III, 15^b den Verlauf desselben folgendermassen: Bibliothecae structura praecedenti rectoratu coepta subinde continuata est. Conclave ei dicatum fenestris a viris litterati ordinis donatis auctum librique antehac a rectore recensiti aptatis denuo repositoriis curante domino decano facultatis philosophicae Chr. Saalbach sunt demandati. In der Sitzung vom 19. Febr. 1697 machte der Rector Potzerne dem Concil den Vorschlag, das zur Bibliothek bestimmte Geld zum Bau zu verwenden, womit die Professoren einverstanden waren. Baukosten finden sich aus dem (Kalender)-Jahr 1697 jedoch nicht berechnet: dennoch verzögerte sich die Uebergabe der Bibliothek bis zum Beginn des Jahres 1698.

Werfen wir am Schlusse dieses Abschnittes einen Blick auf

---

[1]) Dieselben erwähnen aus diesem Jahre folgende Leistungen für den Umbau der Bibliothek:

1696. Aug. 23.	Der Meister Zimmermann nebst einem Gesellen die Scherrwand an der Bibliothek zu machen, auch die ankerbalken aufzubringen drei Tage		4 Thlr. 12 gl.
	4 Soldaten, so geholfen		— „ 16 „
	Für das Tau, damit die Balken aufzubringen		1 „ 8 „
„ 26.	4 Fuder Lehm zur Bibliothek und 2 Fuhren Holz dazu		
„ 30.	Meister Zote (der Maurer) — auf dem Collegio an der Bibliothek		
Sept. 5.	1 Fuhre Dielen nach der Bibliothek		
„ 20.	5 Fuder Kalk zur Bibliothek	Preise nicht specialisirt.	
„ 27.	Meister Zote mit zwei Handlangern 6 Tage an der Bibliothek auf dem Collegio		
Oct. 31.	Die Bretter nach dem Collegio zur Bibliothek zu fahren		
Nov. 22.	Dem Zimmermann: 1½ Tage die Bretter oben auf die Bibliothek zu bringen		

den muthmasslichen Umfang, den die Bibliothek in den 95 Jahren ihres Bestehens erreicht hatte, so ergiebt sich, dass derselbe ein sehr kleiner war. Es hat sich aus der folgenden Periode ein 1706 angelegter Catalog erhalten, in welchem bis 1713 (dem Todesjahr des ersten eigentlichen Bibliothekars Christian Saalbach) 1096 Bände eingetragen sind: ca. 240 Bände sind unter Saalbach erworben, also hat er ca. 850 vorgefunden. Von diesen lieferte, wie wir oben gesehen haben, der Wittenberger Buchhändler Selfisch von 1604—1624 ca. 400 Bände, die übrigen 500 sind also im Laufe des 17. Jahrhunderts allmählich dazu gelangt. Bei den geringen Mitteln, über welche die Bibliothek in den drangsalvollen Zeiten des 17. Jahrhunderts verfügte, wird nur ein kleiner Theil von diesen 500 Bänden durch Kauf an die Bibliothek gelangt sein, den grössten Theil derselben verdankt sie sicherlich Schenkungen Greifswalder Professoren [1]: am stärksten sind unter den nicht von Selfisch bezogenen Büchern des ältesten Cataloges die juristischen und medicinischen Werke vertreten, es fehlt aber an jeder Vermuthung, wem sie etwa zu verdanken sein mögen, da irgend welche Geschäftsbücher der Bibliothek aus dieser Periode sich nicht erhalten haben; ebenso wenig bieten die Acten des Universitätsarchivs irgend welchen Anhalt.

---

[1] 1691. Sept. 17 bestimmte eine Verfügung der Regierung in Stettin: „Wenn der Herr General-Superintendens die Kirchen, bey welchen Bücher von Mönchsschrift und altem Druck sich finden, anzeiget, sollen, wenn zuvor deshalben Bericht erfordert, nach Befinden zu deren Abfolgung in der Universitäts-Bibliothek behörige Verordnungen ergehen." Dähnert, Landesurkunden II, 675. Ich zweifle, ob diese Verordnung jemals Erfolg gehabt.

Capitel III.
Die Bibliothek von 1698 — 1747 unter den Bibliothekaren Saalbach, Horn und Westphal.

Am 25. Januar 1698 übergab Joachim Rosenow, der bisherige Inspector der Bibliothek und zugleich Decan der philosophischen Facultät, seinem Nachfolger Christian Saalbach den Catalog und die Schlüssel der Bibliothek. Für den Umzug wurde die wärmere Jahreszeit abgewartet, am 11. April liess Saalbach das obere Gemach „herrichten" (reinigen), am 18. und 19. die Repositorien und Bücher nach oben bringen, brauchte aber noch 14 Tage zur Säuberung und Aufstellung der Bücher, auch wurden im Sommer 1698 noch verschiedene Verbesserungen an dem Local selbst angebracht: am 2. Mai die Bretterthüren entfernt und drei Fenster eingesetzt, die, von einigen Studenten geschenkt, mit den Wappen der Donatoren geschmückt waren (ein viertes stifteten im Mai 1700 drei Herren von Zitzewitz, von Puttkamer und Rango aus Stargard)[1]: im Juni und August hatte auch noch der Zimmermann neben und über der Bibliothek auszubessern[2].

Der neue Raum lag, wie bereits erwähnt, im ersten Stock an der Nordostecke des Collegiums, und mass von Norden nach Süden 28, von Osten nach Westen 32 Lübische Fuss (zu 0,28 Meter), hatte also ca. 25 □Meter Flächenraum. Ueber die innere Einrichtung der Bibliothek haben sich keine Nachrichten erhalten.

---

[1] Alle diese Nachrichten in Saalbach's Rechenschaftsbericht H 32ª.
[2] Proc.-Reg. 1698/99: Juni 24: nebst 3 Gesellen eine Wand gegen der Bibliothek auf dem Collegio zu machen 1 Tag.
Aug. 28: Der Boden auf der Bibliothek.

Einige Jahre nach der Uebersiedelung wurden die Verhältnisse der Bibliothek neu geregelt. Am 17. Juni 1701 fasste das akademische Concil den Beschluss die Aufsicht der Bibliothek einem ständigen Bibliothekar zu übergeben, doch sollte der Decan die bisher bezogenen Gebühren von 10 fl. (5 Thalern) behalten. Das Gehalt des Bibliothekars wurde auf 10 Thaler festgesetzt[1]) und Saalbach als erster Bibliothekar bestätigt[2]). Als im nächsten Jahr die Regierung durch den Visitationsrecess vom 20. Mai 1702 das Lehrwesen und alle übrigen Verhältnisse der Universität einer Neuordnung unterzog, wurden zum ersten Mal auch die Zustände der Bibliothek Gegenstand einer amtlichen Verfügung. Cap. 1, § 27 dieses Visitations-Recesses bestimmte:[3])

„Von allen und jeden, was durch [den Universitätsbuchdrucker] gedrucket wird, kommen drey Exemplaria in die Bibliothek, welche, weil sie noch in schlechtem Stande, ohne vollständiger Bibliothek aber die Studia übel succediren, so wird nun auch verordnet, dass über die Einkünfte, so dieselbe bishero gehabt (nemlich bey denen Promotionibus in den obern Facultäten von jedem Promoto 1 Rthlr., dessen Hälfte die, so in Facultate Philosophica promoviren, hienächst auch beytragen müssen) von denen Straf-Geldern, welche Studiosi erlegen, die Hälfte, und dann dasjenige, was dieselbe bey der Inscription besonders ad Bibliothecam contribuiren, zur Vermehrung derselben, die Hälfte von dem Inscriptions-Gebühr, so der jederzeit seyende Rector empfähet, soll destiniret und beygeleget seyn. Solchemnach wird der jederzeit abdankende Rector dem besonders ex facultate Philosophica zu constituirenden Bibliothecario, welchem die von Alters pro studio & labore vermachte 10 Rthlr. verbleiben,

---

[1]) Album d. Univ. III, 35ᵇ: Publico venerandi concilii decreto constitutus est bibliothecarius academiae perpetuus magister Christianus Saalbach. Ante id tempus ambulatorium inter facultatis philosophicae decanos illud munus fuerat, quae vicissitudo cum publica commoda parce admodum promoveret, hac ratione emendata conquievit. Ne quid tamen emolumenti decederet decano, constitutum fuit, ut et ipsi quotannis 5 thaleri et bibliothecario 10 alii ex aerario academiae persolverentur. — [2]) Christian Saalbach, geboren in Schenckenberg bei Delitzsch in Sachsen am 16. Aug. 1653, war seit 1681 Professor der Philologie, seine Schriften (14) verzeichnet Dähnert im Catalog der Greifswalder Bibl. II, 489. Vgl. auch Saalbachs Leichenprogramm in den Vitae Pomeran. Vol. 33 auf der Bibl. — [3]) Dähnert, Sammlung pomm. Landesurkunden II, 933.

Designationem sothaner, wie auch der übrigen zur Bibliothek gelegten und noch ferner zuzulegenden Gelder und Einkünfte in loco Concilii überreichen, und dieser in dem erstern Conventu novi Rectoris proponiren, welche Bücher er vermeyne, dass in dem Jahr für die eingekommene Summe anzukaufen diensam sey, und nachdem Rector seine Proposition repetirt, vota colligirt, und secundum pluralitatem conclusum gemacht, ist Bibliothecarius bemühet, den Einkauf, wie es am vortheilhaftesten geschehen kann, zu verrichten, desfalls ein besonder Register von Einnahme und Ausgabe, und wie von Jahren zu Jahren die Bibliothek vermehret, zu führen. Auch lieget ihm ob, wöchentlich einige Stunden, als etwan des Mittwochs oder Sonnabends, Nachmittags bey leidlichem Wetter in der Bibliothek zu seyn, damit Studiosi hinein gehen, Auctores evolviren, und sich solche bekannt machen mögen." Derselbe Recess bestimmte im § 18 des 2. Cap. „Zur gemeinen Bibliothek ist aus des Amts [Eldena] Intraden annoch nichts geleget; weil aber deren Nothdurft vor Augen, so wird itzo verordnet: dass ausser denen obspecificirten Reditibus jährlich 50 fl. aus der ordinären Cassa zu ihrem Behuf zu wenden sey."

Diese Bestimmungen des § 27 des Visitations-Recesses von 1702 bildeten für das nächste Menschenalter die Richtschnur für die Verwaltung der Bibliothek. Es dauerte freilich noch einige Monate, bis die ausstehenden Gelder, welche der Anstalt seit 1689 zukamen, eingegangen waren. Am 27. Januar 1703 kam bei Verlesung des Recesses im Concil auch diese Angelegenheit zur Sprache. „Es wird gefragt," heisst es in dem Protocoll der Sitzung, „ob die Restanten wegen der dimidiae inscriptionis ad bibliothecam wollen ihre quotam von dem zukünftigen fälligen Salario abziehen lassen oder ob ein Jeder wolle es sonsten bezahlen. Conclusum in puncto dimidiae inscriptionis ad bibliothecam, dass Herr bibliothecarius eine richtige Designation der Restanten einsenden, dieselbe denen Restanten communicire und was liquid seyn wird, diese beym Herrn bibliothecario einsenden oder auch auff ihr Salarium an den Herrn structuarium (den Verwaltungsbeamten der Universität) respective solle und wolle, und wird es mit dem Empfang und mit der Quittung also gehalten, dass bibliothecarius die Gelder empfange, darauf quittire und die Quittung rectori academiae zur Unterschrift zusende, demnegst den Zahler die Quittung extradiren und im Uebrigen juxta tenorem Recessus administrire."

Saalbach stellte daher im Mai 1703 ein genaues Register aller Einnahmen und Ausgaben der Bibliothek seit Beginn seiner Amtsführung auf, gab auch eine Uebersicht über die seit 1698 erfolgten neuen Erwerbungen und reichte seinen Bericht dem Rector und Concil zur Prüfung ein.

Demnach betrugen:

	Einnahme	Ausgabe
1698:	26 Thlr. 12 gl.	25 Thlr. — gl.
1699:	9 = 12 =	— = — =
1700:	72 = 36 =	7 = 36 =
1701:	65 = — =	83 = 14 =
1702:	122 = 47 =	101 = 20 =
1703:	62 = 35 =	25 = 36 =

Vorrath: 36 Thlr. 47 gl.

Die Rechnungen[1]) wurden einer Commission von zwei Professoren, dem Mediciner Caspar March und dem Philosophen Theodor Horn, überwiesen, welche zwar dieselben als richtig anerkannten, aber ein besonderes Cassenbuch vermissten, auch die Herstellung eines Standortscataloges für sehr nöthig erklärten. Der Bericht der Revisoren wurde am 16. October 1703 in der Sitzung des Concils verlesen und der Beschluss gefasst: „dass ein Buch sollte gemacht werden, darin die Einnahmen und Ausgaben zu schreiben." Indessen ist diesem Beschluss erst viel später, 1730, Folge geleistet worden; Saalbach führte seine Rechnungen nach wie vor auf losen Blättern. Die Einnahmen und Ausgaben betrugen von 1703 an:[2])

	Einnahme	Ausgabe
1703:	122 Thlr. 17 gl.	72 Thlr. 17 gl.
1704:	158 = 9 =	110 = — =
1705:	61 = 9 =	25 = 26 =
1706:	35 = 31 =	1 = 28 =
1707:	85 = 3 =	— = — =
1708:	94 = 2 =	16 = 18 =

---

[1]) Sie befinden sich in H 32ᵃ. — [2]) Dieselben wurden später in das 1730 angelegte Cassenbuch, das sich auf der Bibliothek befindet, eingeheftet.

	Einnahme	Ausgabe
1709:	153 Thlr. 36 gl.	78 Thlr. 33 gl.
1710:	106 " 19 "	10 " 40 "
1711:	124 " 19 "	— " — "

Ein Verzeichniss der Restanten von 1708 weist 163 Thlr. 16 gl. auf, ein gleiches von 1710 sogar 244 Thlr., darunter allein die Universitäts-Casse mit 150 Thlrn. von 200, die nach § 18 des Visitationsrecesses in jährlichen Raten von 50 fl. (= 25 Thlr.) zu zahlen waren, von denen aber nur 50 Thlr. gezahlt waren. Zu den Einnahmen gehörten ausser den Gefällen nach § 27 des Recesses auch die Zinsen von 100 fl., welche der Theologe Jacob Henning bereits 1689 der Bibliothek versprochen, aber erst 1700, als die rückständigen Gehälter (Deservita) ausgezahlt wurden, derselben überwiesen hatte. Der Bibliothekar Saalbach verlieh das Geld zu 5% im Mai 1701 an den Universitätsbuchdrucker Starcke, aber es ging damit, wie mit den Legaten des 17. Jahrhunderts, die Zinsen blieben seit 1707 aus[1]). Im Mai 1702 erinnerte der Structuarius Mevius Völschow an das Legat Gerschow's für die Bibliothek und fragte an, ob, da jetzt die deservita ausgezahlt würden, die Bibliothek nicht auch die ihr vermachten 100 fl. erhalten solle: aber auf Bemerken des Juristen Mascow, dass inzwischen mehr als 1000 fl. an Selfisch's Erben bezahlt seien, wurde sein Vorschlag abgewiesen[2]). Den Todesstoss erlitten die Finanzen der Bibliothek, als am 17. Aug. 1711 sich die Universität den ganzen Baarbestand derselben, 124 Thlr., gegen eine [verlorene] Obligation aushändigen liess, um sie zu einem Ehrengeschenk[3]) an die Regierung in Stockholm zu verwenden.

Die Gegenüberstellung von Einnahme und Ausgabe lässt bereits erkennen, dass Saalbach ein sparsamer Haushalter war: meist verausgabte er nur einen kleinen Theil der Einnahmen, das Deficit des Jahres 1701, in welchem bei 65 Thlr. Einnahme 83 Thlr. ausgegeben, ist nur ein scheinbares, da das Henning'sche Legat von 50 Thlr. (100 fl.), das in diesem Jahr an den Buchdrucker ausgeliehen wird, in Ausgabe gestellt ist. Der höchst schwerfällige und nach heutigen Anschauungen gänzlich unpractische Modus der Anschaffungen, den der Recess von 1702 vorschrieb, verlegte den Schwerpunkt der Vermehrung der Bibliothek

---

[1]) II 46. — [2]) ib. — [3]) Donum gratutium heisst es in den Verhandlungen von 1730.

in das akademische Concil und liess dem Bibliothekar nur geringen Spielraum für eigene Initiative. Ankauf aus freier Hand war bei diesem Verfahren fast ausgeschlossen, meist wurden die Bücher auf Auctionen in Greifswald, Stralsund und anderen Nachbarorten erstanden. Dennoch war die Vermehrung der Büchersammlung in den 15 Jahren von Saalbach's Amtsführung für den damaligen Umfang keine ganz unbedeutende; zu den ca. 850 Bänden, die er 1698 von Rosenow übernahm, sind ca. 240 hinzu gekommen. Von wichtigen Erwerbungen aus dieser Zeit ist eine Terenzhandschrift von 1453, die ein Doctor Christian Herold aus Halle 1698 schenkte, die 1588 gedruckte Barther Bibel (1699 von dem Juristen Peter Mascow gestiftet) und die endliche Ausführung der bekannten Schenkung des Herzogs von Croy, des letzten Sprösslings aus dem alten pommerschen Greifenstamme, zu erwähnen. Dieser hatte in seinem Testament vom 3. Juni 1687 [1]) der Universität 1000 Thlr. zur Anschaffung einiger kostbarer Bücher „als der Englischen Bibel in vielen Sprachen, der Criticorum sacrorum so in Engelland gleichfalls ausgegeben, des Atlantis majoris [2]) der besten und neuesten Edition", ferner ein Gebetbuch des Herzogs Johann Friedrich von Pommern-Stettin, den Siegelring Bogislaw's XIV., den grossen nach dem Herzog benannten Croyteppich und eine goldene Kette vermacht, aber erst zwanzig Jahre später, im April 1707 wurden die Kleinodien und das Gebetbuch der Universität von dem Preussischen Hofe, in dessen Diensten der Herzog gestanden, ausgeliefert; das Gebetbuch kam in die Bibliothek, ob aber auch die 1000 Thlr. ausgezahlt worden, ist fraglich, jedenfalls wurden sie nicht zu Bücherankäufen verwendet. Der einzige grössere Einkauf, den Saalbach im Jahre 1704 auf Veranlassung des Concils für die Universität machte, die Anschaffung des Tractatus tractatuum Venedig 1584—1586 (28 Folianten), brachte ihn in einen unangenehmen Conflict mit dem Concil. Das Buch war von Stralsund für 100 Thlr. der Universität angeboten und diese hatte ohne Saalbach zu fragen den Ankauf beschlossen. Darüber gekränkt, erklärte er dem Rector Th. Horn, das Werk nicht unbesehen anzuschaffen, er „werde keinen Heller vor dies Buch bezahlen, bevor

---

[1]) Dähnert, Landesurkunden II, 917. Das Datum ist nach Kosegarten II, 146 zweifelhaft. — [2]) Dähnert: Masoris.

ich gesehen wie es conditioniret und ob es complet oder defect, der Bibliothek anständlich oder nicht anständlich. Blindlings und im Sacke kauffe ich es nicht" (Schreiben vom 16. Januar 1704 in H 32ᵃ). Das Concil an der Spitze den Generalsuperintendenten Johann Friedrich Mayer wies jedoch Saalbach mit seinem Protest energisch zurück, bewilligte indessen aus der Universitätscasse einen Zuschuss von 40 Thlr. und so musste er in die Erwerbung willigen. Auch sonst nahm das Concil auf die Wünsche des Bibliothekars oft wenig Rücksicht: im October 1703 hatte Saalbach auf Veranlassung des Rectors dem Mediciner Caspar March ein holländisches architectonisches Manuscript: Het Magazijn der boukündige Modellen etc. für 50 Thlr. abgekauft:[1] dasselbe erregte 1708 den Beifall des schwedischen Regierungsraths Magnus von Lagerstroem, dem sich das Concil gefällig zeigen wollte: ohne Weiteres musste es der Bibliothekar am 20. October 1708 demselben als Geschenk aushändigen[2].

Aus Saalbach's Periode stammt der älteste erhaltene Catalog der Universitäts-Bibliothek, den dieser nach dem Beschlusse der Revisionscommission von 1703 im Jahre 1706 anfertigte[3]. Die Bücher sind darin von Saalbachs eigener Hand nach den vier Facultäten und in jeder nach den vier Formaten, wie sie aufgestellt waren, verzeichnet und zwar enthielt die Bibliothek bis 1713 (Saalbach's Todesjahr):

Fol. Maxim. 10.

	Theologie	Jurisprudenz	Medicin	Philosophie
Fol.	168	172	41	134
Quart	50	29	37	79
Octav	61	15	80	160
Duodez	16	1	13	30
	295	217	171	403

im Ganzen also 1096 Bände, unter denen sich jedoch zahlreiche Sammelbände befanden. Unter Saalbach sind nach den noch vorhandenen Rechnungen ca. 240 Bände in die Bibliothek gelangt.

Die letzten drei Jahre von Saalbach's Amtsführung waren sehr stürmisch. Im August 1711 begann der unter dem Namen

---

[1] Rechnungsbuch s. a. 1703. — [2] H. 46. — [3] Rechnungsbuch 1706: Vor 9 Buch gut Schreibepapyr zum Catalogo, den ich gemacht — 36 gl.
Vor den Catalogum in gut weiss Pergament zu binden — 40 gl.

des Muschwiterkrieges bekannte Feldzug der verbündeten Russen, Dänen und Sachsen gegen Schwedisch-Pommern, welche am 23. August in das Land einrückten, am 31. August Greifswald besetzten. Mit diesem neuen Kriegssturm hing wohl die oben erwähnte Massregel der Beschlagnahme der Bibliotheksgelder durch die Universität am 17. Aug. 1711 zusammen: weitere Einnahmen hat dieselbe in den nächsten Jahren nicht gehabt, vielmehr wurden, wie im dreissigjährigen Kriege, auch den Professoren ihre Gehälter vorenthalten. Als im August 1712 der russische Czar Peter der Grosse Greifswald besuchte, musste ihn Saalbach im Universitätsgebäude herumführen[1]: am 23. Januar 1713, während noch die fremden Kriegsvölker in Pommern lagen, starb er im Alter von 59 Jahren[2].

Mitte August 1713 wandte sich die Wittwe des Verstorbenen Eva Lucretia geb. Greigge mit dem Gesuch um das rückständige Gehalt ihres seligen Mannes seit 1712 und eine Remuneration für den von ihm verfertigten Catalog an den Rector Jeremias Papcke (Mathematiker): nach mehrwöchentlichen Verhandlungen wurde ihr der Kriegszeit wegen das halbe Gehalt und 6 Thaler für den Catalog, den sie an sich genommen, aber jetzt herausgeben musste, bewilligt. Die Gutachten der einzelnen Professoren[3] lassen erkennen, dass Saalbach zahlreiche Gegner unter seinen Amtsgenossen gehabt hat: der Jurist Mascow bemerkte, Saalbach habe nur wenig Bücher gekauft, von 130 Schriften Greifswalder Professoren befänden sich auf der Bibliothek kaum 20; noch schärfer äusserte sich der Jurist Johann Schack über Saalbach's Catalog: wenn er (Saalbach) nur alle Woche ein Buch eingeschrieben, war der Catalog leicht zu machen. Der Catalog wäre ein Index realis et nominalis, wobei S. nur sein plaisir gesucht. Der Decan der philosophischen Facultät kann in zwei Wochen mit einem Studenten einen neuen Catalog anfertigen bei einem Bestande von so wenig Büchern. Auch der Rector Papcke war Saalbach abgeneigt und wollte aus den Statuten der philosophischen Facultät von 1613 nachweisen, dass trotz des Recesses von 1702 die Inspection der Bibliothek wieder dem Decan übertragen werden könne. Zunächst wurde, wie 1703, eine Commission zur Revision

---

[1] Kosegarten I, 273. — [2] Leichenprogramm des Rectors Papcke in Vitae Pomeranorum Vol. 33 auf der Greifswalder Univ.-Bibl. — [3] Die Schriftstücke theils in H 42, theils in H 32*.

der Bibliothek, bestehend aus dem Juristen Ph. B. Gerdes und dem Mediciner Christoph Helwig, niedergesetzt, welche vom 22. August bis zum 6. October die Amtsführung Saalbachs prüften und im October dem Concil einen Bericht über dieselbe einreichten. Sie urtheilten darin billiger über die Leistungen des Verstorbenen. Der Büchervorrath stimmte mit dem von Saalbach „mit grosser Mühe und Sorgfalt verfertigten" Cataloge, es waren jedoch noch einige nicht eingetragene Bücher vorhanden und ein Haufen ungebundener Dissertationen. Beide hielten einen alphabetischen und einen Realcatalog für ein dringendes Bedürfniss des Instituts. Aus den Rechnungen ergab sich, dass die Bibliothek 381 Thlr. Aussenstände besass, deren Einziehung in diesen Kriegszeiten kaum zu hoffen war. Das Concil beschloss auf diesen Bericht dem neuen Bibliothekar die jährliche Rechnungsablage, wie sie der Recess vorschrieb, einzuschärfen und ertheilte am 6. Jan. 1714 durch den neuen Rector J. L. Würfel (Theologe) den Erben Saalbachs Decharge.

Zu Saalbachs Nachfolger wurde der Professor der Logik und Metaphysik Theodor Horn, geboren am 25. Febr. 1661 in Rappin auf Rügen, also 1713 im Alter von 52 Jahren, erwählt[1], er hatte in Greifswald und Wittenberg studirt und gehörte seit 1692 der Universität an; das Datum seines Amtsantrittes ist nicht überliefert, ebenso fehlen bis 1719 Nachrichten über seine Thätigkeit als Bibliothekar. Die traurigen finanziellen Verhältnisse der Bibliothek, durch den Krieg hervorgerufen, dauerten zuerst noch fort, wie sich aus dem mehrerwähnten Rechnungsbuch ersehen lässt. Einnahme und Ausgabe der Bibliothek betrugen unter Horn (1713—1730):

	Cassenbestand	Ausgabe
1713:	2 Thlr. 32 gl.	— Thlr. — gl.
1714:	3 „ 32 „	— „ — „
1715:	10 „ 10 „	— „ — „
1716:	10 „ 10 „	— „ — „
1717:	32 „ 18 „	5 „ 24 „
1718:	46 „ 42 „	— „ — „
1719:	59 „ 18 „	5 „ 28 „

[1] Biederstedt, Nachrichten von dem Leben und den Schriften neuvorpom. rüg. Gelehrt. Abth. 1. S. 85.

	Cassenbestand	Ausgabe
1720:	78 Thlr. 46 gl.	18 Thlr. 45 gl.
1721:	84 , 16 ,	— , — ,
1722:	84 , 16 ,	30 , — ,
1723:	91 , 16 ,	— , — ,
1724:	115 , 8 ,	— , — ,
1725:	131 , 8 ,	— , — ,
1726:	151 , 8 ,	62 , 34 ,
1727:	90 , 46 ,	— , — ,
1728:	111 , 46 ,	25 , 41 ,
1729:	102 , 29 ,	10 , — ,
1730:	117 , 19 ,	5 , — ,

Horn hat also von den 18 Jahren seiner Amtsführung überhaupt nur in acht Jahren Bücher angekauft, freilich der geringen Mittel wegen anfänglich auch nicht ankaufen können: von 1719 an stehen die Cassenbestände der Bibliothek hinter denen seines Vorgängers kaum zurück. Demgemäss war auch der Zuwachs, welchen die Büchersammlung in den 18 Jahren für die Summe der Ausgaben von 163 Thlr. 28 gl. erhielt, nur sehr gering. Von Horn's Hand sind in dem Saalbach'schen Catalog nur folgende Neuanschaffungen vermerkt:

	Theologie	Jurisprudenz	Medicin	Philosophie
Fol.:	21	4	2	23
Quart:	5	1	7	5
Octav:	1	0	1	0
Duodez:	0	0	0	0
	27	5	10	28

im Ganzen also nur 70 Bände in 18 Jahren gegen 240 unter Saalbach in 15 Jahren.

Die Spärlichkeit der Mittel (die Einnahmen betrugen in 18 Jahren zusammen nur 285 Thlr.) beruhte auf dem in den Kriegsjahren geringeren Besuche der Universität, auf der Nichtbeachtung der Vorschriften des Recesses von 1702, gegen dessen Bestimmung die 25 Thlr. jährlich in dieser Zeit niemals aus der Universitäts-Casse gezahlt werden, und in dem Ausbleiben der Zinsen aus dem Henning'schen Legat, das an den Buchdrucker Starcke verliehen war. Nachdem seit 1707 keine Zinsen mehr von demselben eingegangen und Starcke auf wiederholte Mahnungen

Horn's stets Ausflüchte gemacht, verklagte ihn der Bibliothekar Ende 1723 beim Concil[1]). Der Buchdrucker, welcher durch einen Concurrenten schwer in seinem Erwerbe geschädigt war, sich auch durch Krankheit in seiner Familie nicht von der Noth der Kriegsjahre erholen konnte, bat um weitere Stundung: um nicht alles zu verlieren, erliess ihm das Concil die rückständigen Zinsen, bestimmte aber im August 1725, dass er das Capital allmählich abzahlen sollte: er hat auch 1727 und 1729 wieder Zinsen entrichtet. Um den Bibliotheksfinanzen aufzuhelfen, benutzte die Universität 1725 ein höchst seltsames Mittel: sie betheiligte sich mit einigen Loosen an einer Lotterie, welche die Rostocker Universitäts-Bibliothek 1725 veranstaltete[2]), der Gewinn sollte der Bibliothek zu Nutze kommen; nur der Jurist Gerdes sprach sich gegen diese Verwendung von Universitätsgeldern aus. Der erhoffte Gewinn ist aber ausgeblieben, denn in den Einnahmen von 1725 fl. findet sich kein Posten aus der Rostocker Bibliothekslotterie verzeichnet.

Die geringe Vermehrung der Bibliothek unter Horn, welche den Professoren mehrfach zu Klagen Anlass gab[3]), dass ihre Fächer nicht genügend berücksichtigt würden, lässt es kaum glaublich erscheinen, dass bereits 1723 der bisherige Bibliotheksraum nicht mehr ausreichte. Am 15. Januar wurde im Concil beschlossen, das obere Stockwerk des Collegiums in Augenschein zu nehmen, ob nicht ein bequemerer Platz für die Bibliothek gefunden werden könne: 1725 wurde Horn ein kleines Nebenzimmer, welches südlich an die Bibliothek stiess, eingeräumt[4]), die Bücher wurden weiter auseinander gezogen, aber im Cataloge nichts geändert. In derselben Sitzung vom 15. Januar 1723 wurde wieder das Rechnungsbuch zur Sprache gebracht[5]) und ein sehr einschneidender Beschluss für die Anschaffungen der Bibliothek gefasst: der jedesmalige Cassenbestand sollte zu gleichen Theilen unter die vier Facultäten vertheilt und nach Vorschrift der Decane vom Bibliothekar verwandt werden: unter Horn scheint aber diese die philosophische Facultät schwer schädigende Massregel noch nicht zur Ausführung gekommen zu sein.

---

[1]) Die Acten hierüber in H 46. — [2]) Der gedruckte Plan derselben in H 46. — [3]) So Mascow 1719, Papcke 1724 (II 32ᵃ.) — [4]) Balthasar, Von den akadem. Gebäuden 12 n. 5. — [5]) Die Rechnungen aus Horn's Zeit sind erst 1730 von J. H. Balthasar in das Rechnungsbuch eingetragen.

Die spärliche Vermehrung der Bibliothek hatte ihren Grund auch in der Kränklichkeit des Bibliothekars, dessen Hand in den letzten Jahren immer zitternder wurde, er scheint gegen Ende der zwanziger Jahre (1730 erreichte er sein 69. Lebensjahr) von einem Schlaganfall betroffen zu sein: wenigstens ist im Herbst 1730 von des „jetzigen Bibliothecarii Unvermögen" die Rede, und zwar in dem Visitations-Bescheid, den der Canzler der Universität Graf Meyerfeldt am 30. November dieses Jahres zur näheren Ausführung des Recesses von 1702 erliess. In diesem war auch von der Bibliothek die Rede, deren Zustand das höchste Missfallen der vorgesetzten Behörde erregte. Der Bescheid äusserte sich in § XVI über dieselbe folgendermassen [1]).

„XVI. Ist Visitatoribus nicht wenig befremdet vorgekommen, dass die in dem Visitations-Recesse de Ao. 1702. C. 1. § 27 in Ansehung der Bibliothek befindlichen Anordnung fast gänzlich ausser Obacht gelassen worden: Indem theils seit vielen Jahren über die zu deren Vermehr- und Verbesserung eingeflossene Gelder keine Rechnung abgeleget und Concilio examiniret, theils auch, nach Ausweisung dessen, so der Professor Horn, als jetziger Bibliothecarius, bey der Visitation produciret hat, und hiebey retradiret wird, noch sehr ansehnliche Restanten bey der Universität und sonsten ausstehen müssen. Weil nun dieses alles fordersamst ad liquidum zu bringen, dabenebst auch mit dem gegenwärtigen Bibliothecario billig vollständige Rechnung zuzulegen, und endlich alles wieder in die Ordnung, worinnen es Einhalts Recessus, wegen der Bibliothek seyn soll, zu bringen ist; so wird Rector und Concilium Academicum, so lieb ihnen ist, schwere Verantwortung zu vermeiden, ohne allen Zeitverlust dahin zu sehen haben, dass solches bewerkstelliget, dabenebst wegen des jetzigen Bibliothecarii Unvermögen demselben eine andere tüchtige Person ex Facultate Philosophica zur nöthigen Aufsicht und Beobachtung bey der Bibliothek substituiret, was zu Vermehrung derselben in Vorrath, zu Anschaffung nützlicher und allen Facultäten (als welche insgesamt an denen zur Bibliothek destinirten Geldern bey der Ankauffung zu participiren haben) zu staten kommenden Bücher, angewandt und ratione futuri bey dieser Administration stricte nach dem Inhalt vorerwehnten § des Recessus de Ao. 1702 verfahren werden möge. Inmassen den

---

[1]) Dähnert, Landesurkunden II, 960.

niemand das Rectorat bey der Universität antreten, ehe und bevor § Recessus ein vollkommenes Genüge geschehen, widrigenfalls er dafür zu antworten hat."

Schon vor diesem ungnädigen Bescheid war das Concil bemüht die Bibliothek zu reorganisiren: der Structuarius Nürenberg hatte aus den alten Procuraturregistern die sämmtlichen Forderungen, welche die Bibliothek an die Universität zu machen hatte, aufgestellt und die Designation davon im Betrage von 2741 fl. 12 gl. (= 1370 Thlr. 36 gl.) bereits am 17. November 1730 eingereicht: dieselbe wurde jedoch für zu hoch befunden und so arbeitete er bis zum 5. Januar 1731 einen zweiten Entwurf aus, welcher 2695 fl. (= 1347 Thlr. 12 gl.) für die Bibliothek verlangte: auch diesen genehmigte das Concil nicht; erst am 7. Mai 1731 kam eine dritte Designation, welche 1057 Thlr. 36 gl. betrug, zur Annahme. Die einzelnen Posten, aus welchen sich diese nicht unerhebliche Summe zusammensetzte, bestanden aus den Legaten von Jacob und Friedrich Runge und Balthasar Rhaw, deren Capital von der Universität als Ersatz für den mehr als hundertjährigen Zinsverlust jetzt mit 150 Thlr. (= 300 fl.) ausgezahlt wurde, aus dem Wakenitz'schen Legat von 250 Thlr. (= 500 fl.) 166 Thlr. 12 gl. von der Universitätscasse erhobene Zinsen und 166 Thlr. 32 gl. rückständige Zinsen, aus dem Rückstand von 150 Thlr., welche 1710 nach Cap. 2, § 18 des Recesses von 1702 Saalbach monirt hatte, und aus dem jährlichen Beitrag von 50 fl. (25 Thlr.) von 1711—31 (bis 1720 wegen der Kriegsjahre wurde nur die Hälfte berechnet) = 275 Thlr., wovon 85 Thlr. baare Auslagen für die Bibliothek abgingen, also 190 Thlr., endlich neben einigen kleineren Beträgen aus den Zinsen der 1711 von der Universität eingezogenen 124 Thlr. = 111 Thlr.

Nachdem so die Finanzen der Bibliothek, hauptsächlich durch die Mitwirkung des Theologen Jacob Heinrich Balthasar, des zeitigen Rectors, der auch das lange geforderte Rechnungsbuch anlegte, geordnet waren, erfolgte am 15. Juni 1731 die vorläufige Neubesetzung der Bibliothekarstelle durch den Historiker Andreas Westphal, der sich anheischig machte einen neuen Catalog herzustellen und auch damit zufrieden war, dass sein Vorgänger Horn auf Lebenszeit das Gehalt des Bibliothekars von 10 Thlr. behielt. Westphal, 1685 am 16. October zu Anklam geboren, gehörte der Universität seit 1709 an und war seit 1718 Ordinarius der Geschichte und Moral. Unter ihm flossen die Mittel für die

Bibliothek Dank den energischen Bestimmungen des Visitationsbescheides von 1730 erheblich reichlicher als bisher. Die Einnahmen und Ausgaben betrugen während Westphal's Amtsthätigkeit:

	Einnahme			Ausgabe		
1730/31:	1057 Thlr.	36	gl.	— Thlr.	—	gl.
1731/32:	1141 =	18	=	980 =	46	=
1732/33:	249 =	40	=	61 =	15	=
1733/34:	280 =	7	=	130 =	34	=
1734/35:	229 =	3	= ¹)	— =	—	=
1735/36:	76 =	30	=	— =	—	=
1736/37:	73 =	30	=	— =	—	=
1737/38:	106 =	11	=	— =	—	=
1738/39:	136 =	26	=	— =	—	=
1739/40:	87 =	6	=	— =	—	=
1740/41:	81 =	14	=	— =	—	=
1741/42:	88 =	45	=	— =	—	=
1742/43:	91 =	44	=	— =	—	=
1743/44:	96 =	28	=	— =	—	=
1744/45:	85 =	4	=	— =	—	=
1745/46:	76 =	36	=	— =	—	=
1746/47:	104 =	28	=	— =	—	=

Diese Einnahmen setzen sich aus folgenden Beständen zusammen:
1) aus den Zinsen der Legate der beiden Runge, Rhaw's und Wakenitz',
2) aus den 25 Thlrn. nach § 18 des Recesses von 1702,
3) aus den Zinsen der 1711 ausgeliehenen 124 Thlr.,
4) aus den Zinsen des Henning'schen Legates, welches seit 1731 Starcke's Nachfolger Löffler übernommen hatte,
5) aus Promotions- und Rectoratsgefällen. Seit 1738/39 wurden auch die Zinsen des 1635 von Friedrich Gerschow gestifteten Legates auf eine Anregung des Mediciners Scheffel wieder der Bibliothek ausgezahlt, im ersten Jahr das volle Capital von 50 Thlr., später je 2½ Thlr. (5 %): 1730/31 hatte man an diess Legat völlig vergessen.

Entsprechend diesen reichlicheren Mitteln wurden in den 17 Jahren unter Westphal weit mehr Bücher für die Bibliothek angeschafft als unter seinen beiden Vorgängern.

¹) Seit 1734/35 wird die gesammte Einnahme unter die vier Facultäten vertheilt, s. unten.

Der Zuwachs betrug nämlich:

	Theologie	Jurisprudenz	Medicin	Philosophie
Folio	102	46	49	36
Quart	77	17	124	122
Octav	17	36	29	34
Duodez	2	0	0	69
	198	99	202	261

im Ganzen also 760 Bände. Bereits diese Zusammenstellung lässt erkennen, dass trotz der Theilung der Einnahmen in vier gleiche Theile unter die vier Facultäten eine ganz gleichmässige Berücksichtigung derselben sich nicht durchführen liess, wiewohl seit 1734 sogar die Einrichtung getroffen wurde, dass ein Viertel der Einnahmen jährlich jedem Decan der vier Facultäten gegen Quittung ausbezahlt wurde[1]). Die Thätigkeit des Bibliothekars wurde dadurch für die Neuanschaffungen fast ganz aufgehoben. Die grösste Vermehrung der Bibliothek erfolgte im Jahre 1731, als aus der zu Greifswald verkauften Bibliothek des verstorbenen General-Superintendenten Johann Gerdes aus Wismar für 980 Thaler Bücher angeschafft wurden.

Unter Westphal machte auch die Catalogisirung der Bibliothek erhebliche Fortschritte: bereits am 15. November 1731 überreichte er das Concept eines Realcataloges dem Concil und setzte seine bisherige Thätigkeit auseinander[2]). Er hatte zahlreiche ungebundene Bücher einbinden lassen, Defecte zu ergänzen gesucht und die Greifswalder Universitäts-Programme, von denen aber viele fehlten, zu Bänden zusammengestellt. Sein Catalog enthielt sehr zahlreiche Unterabtheilungen, die sämmtlich wieder in die vier Formate zerfielen; der Reinschrift desselben, die Westphal selbst zu besorgen sich erbot, sollte ein Index autorum beigefügt werden. Der Rector (Köppen) liess den Entwurf bei den Professoren circuliren: er selbst schlug vor den alten Saalbach'schen Catalog neben dem neuen beizubehalten, damit jede Facultät sofort den Zuwachs leicht übersehen könne. Der Generalsuperintendent Rusmeyer klagte, dass die Universität nicht vor der Einrichtung des Cataloges gefragt sei, auch er war für Weiterführung des alten Cataloges. J. H. Balthasar ist in seinem Tadel schär-

---

[1]) Notiz im Rechnungsbuch zu 1734/35. — [2]) Sein Bericht in H 42; ebendaselbst die Urtheile der Professoren.

fer, die Aufstellung nach dem neuen Catalog gefiel ihm nicht „gut und schlecht gebundene, grosse und kleine Bücher ständen neben einander, „ein köstlich Hauptbuch" müsse sogar quer über liegen". Bei der allzu speciellen Eintheilung seien viele Bücher an falsche Stellen gerathen. Er machte den practischen, aber nicht ausgeführten Vorschlag die Bücher zu signiren und die Signaturen im Catalog anzumerken. Trotz dieser Ausstellungen wurde doch Westphal's Entwurf genehmigt, doch sollte er auch den Saalbach'schen Catalog fortsetzen. Die Reinschrift des systematischen Cataloges zog sich bis zum Frühjahr 1733 hin: am 10. April 1733 zeigte Westphal dem Rector an, dass der mit der Abschrift betraute Studiosus der Theologie Grosch seine Arbeit vollendet hatte, und ersuchte um das versprochene Honorar von 3 Thalern für denselben; in den Ferien wollte er selbst den Index machen, dessen Concept er mit der Reinschrift des Cataloges am 8. September 1733 dem Rector Nettelbladt überreichte und an das ihm bei der Anstellung als Bibliothekar verheissene Honorar für den Catalog erinnerte, zumal er ja das Bibliothekarsgehalt von 10 Thlr. seinem Vorgänger Horn (derselbe starb erst 1736) überlassen müsse. Obgleich sich der Rector Nettelbladt gegen das Verlangen Westphal's aussprach, weil die Anfertigung des Cataloges zu den Amtspflichten des Bibliothekars gehöre, ihm auch später die 10 Thlr. zufallen würden, erklärte sich doch das Concil einstimmig dahin, dass Westphal das einmal zugesagte Honorar nicht vorenthalten werden dürfe, sobald er den Index in Reinschrift vorlegen würde: am 2. December 1733 wurde dieses Honorar auf 50 Thaler bemessen.

Zu Beginn des Jahres 1733 war Westphals provisorische Stellung in eine definitive verwandelt worden. Am 2. Februar[1]) forderte der Rector J. H. Balthasar auf Anregung Koeppen's das Concil auf, zu entscheiden, ob der interimistische Bibliothekar Westphal die Stelle definitiv erhalten und ob derselbe das Haus auf dem Collegium beziehen solle: Westphal erklärte sich am 4. Febr. zu beidem bereit und wollte auch Horn die 10 Thlr. auf Lebenszeit lassen. Die Wahl der Wohnung verwickelte ihn in einen ärgerlichen Streit mit dem eben angestellten Professor Albert Georg Schwartz, welcher auf das Haus im Collegium einen Anspruch zu

---

[1]) Das Folgende nach H 32*. Vol. II.

haben glaubte und verlangte, Westphal, dem als älterem Professor das Recht ein akademisches Haus zu wählen, zukam und der als Bibliothekar im Collegium wohnen sollte, möge sofort umziehen, damit er (Schwartz) Westphal's bisherige Wohnung beziehen könne. Der Streit, in dem nur Nettelbladt für Schwartz Partei nahm, ging bis vor den Canzler in Stralsund, wurde aber schliesslich durch gütliche Uebereinkunft geschlichtet: zu Ostern sollte Westphal in das Collegium, Schwartz in die Westphal'sche Wohnung einziehen.

Von besonderen Vorfällen aus Westphal's Verwaltung ist ein Geschenk zu erwähnen, das die Bibliothek im August 1732 von dem Fürsten Georg Albrecht von Ostfriesland in einem historischen Werk über Ostfriesland, Ubbo Emmius Tractat von Ostfriesland, Aurich 1732, erhielt, wofür die Universität in einem feierlichen Schreiben ihren Dank aussprach.

Die starke Vergrösserung der Bibliothek besonders im Jahre 1731 liess die Unzulänglichkeit des Bibliotheksraums immer mehr hervortreten: im August 1734 berichtete Westphal an den Rector, dass die Repositorien der Theologie, Jurisprudenz und Medicin nicht mehr ausreichten, er ersuchte um Einsetzung einer Commission zu besserer Einrichtung dieser Fächer. Auch war das Gebäude schon stark baufällig: der Gang, der zur Bibliothek führte, war ganz ausgetreten. In demselben Schreiben schlug Westphal vor, die wichtigsten Bücher auf dem Rücken mit Titeln versehen zu lassen. Diese Arbeit führte in den Jahren 1734 und 1735 ein Greifswalder „Schulbedienter" Johann Friedrich Feyge aus, der für den Band 1 Groschen erhielt.

Eine vortreffliche Gelegenheit ihre Bibliothek zu vermehren eröffnete sich der Universität im Anfang des Jahres 1743. Der Professor der Jurisprudenz Christian Heinrich Nettelbladt war vom König Friedrich von Schweden als Assessor an das Reichskammergericht zu Wetzlar berufen worden und bot am 17. Jan. 1743 seine reichhaltige, aus juristischer und historischer Literatur bestehende Bibliothek der Universität zum Kauf an[1]). Die Bedingungen, die Nettelbladt stellte, waren sehr coulant: er verlangte für seine Bücher, unter denen sich nach seiner Schätzung ca. 850

---

[1]) Die Verhandlungen über den Ankauf der Nettelbladt'schen Bibliothek in H 34.

Folianten und 1050 Quartanten befunden, 2000 Thaler, welche die Universität in 10 Jahren abzahlen und inzwischen verzinsen sollte, zurückbehalten wollte er nur die schwedischen Schriften. Der Rector Lembke war für den Ankauf, ebenso der Bibliothekar Westphal und A. G. Schwartz (Historiker), die Majorität des Concils wollte aber anfangs nur einen Theil der Bibliothek erwerben. Darauf wollte Nettelbladt (Schreiben vom 25. Januar 1743) nicht eingehen und bat um baldigen definitiven Bescheid, da sich schon ein Käufer aus Rostock gemeldet. Bei der weiteren Berathung der Professoren waren die Theologen entschieden gegen den Ankauf: Rusmeyer, der Generalsuperintendent, meinte: „allzuviel in Bücher zu stecken dient nicht", J. H. Balthasar warnte die Casse allzusehr zu beschweren. Besonders trat der Jurist Augustin Balthasar für den Ankauf ein, er machte sogar den Vorschlag, die Hälfte der Summe aus der Universitätscasse nur vorzustrecken und die Bibliotheksgefälle bis zur Abtragung dieses Vorschusses einzubehalten; mit Recht bemerkten der Jurist Engelbrecht und Westphal dagegen, dass dann die Vermehrung der Bibliothek auf Jahre hinaus in Frage gestellt sei. Scheffel (Mediciner) und Westphal machten darauf aufmerksam, dass für einen solchen Zuwachs (Nettelbladt's Bibliothek muss an 3400 Bände umfasst haben) im jetzigen Bibliotheksraum kein Platz sei. Indessen ergab sich jetzt bereits eine Majorität für den Erwerb der vollständigen Bibliothek, welche auch die schwedischen Schriften N.'s anzukaufen wünschte; für diese verlangte ihr Besitzer noch 100 Thlr. mehr. Am 5. Febr. beschloss das Concil auf Anrathen Engelbrecht's, der seinen Widerstand fallen liess, eine Commission abzuordnen, um die Bücher in Augenschein zu nehmen; neben Westphal wurde Engelbrecht dazu ausersehen. Nach erfolgter Besichtigung wurde die Bibliothek am 14. Februar, bis zur Beendigung der Verhandlungen mit Nettelbladt, unter Siegel der Universität gelegt.

Nachdem der Kauf im Princip entschieden, waren doch noch nicht alle Bedenken überwunden. So fragte am 16. Februar der Rector Lembke an, ob man jetzt den Consens der Regierung (denn die Zahlung konnte nur aus Universitätsmitteln geleistet werden) einholen und ob man den Aufschlag für die Suecica bewilligen solle. Bei der Berathung erklärten Engelbrecht und Balthasar, dass Nettelbladt für etwaigen Schaden bis zur Uebergabe der Bücher einstehen, auch Eviction leisten müsse, dass keine Forderungen Dritter an seiner Bibliothek hafteten. Dann erhob sich das Bedenken, ob man bei dem Kauf der ganzen Bibliothek nicht zu viel Doubletten erwürbe: dagegen erklärte N. nach Einsicht des Bibliothekscataloges, dass höchstens 100 Bände doppelt da seien, von denen er 23 behalten wollte: er forderte jetzt energisch endlichen Bescheid, ob die Universität die Bücher für 2100 Thlr. haben wolle oder nicht. Bei der Abstimmung am selben Tage war die Majorität für den Ankauf; der Theologe Rusmeyer verzichtete auf sein Votum, J. H. Balthasar sprach sich nochmals entschieden dagegen aus: „wer braucht unsere Bibliothek sonderlich: wo wollen wir diesen Vorrath lassen"? Die Universitäts-Casse mit einer solchen Summe belasten widerspräche dem Recess von 1702; die Doubletten seien unnütz. Nachdem Nettelbladt Ende Februar versprochen hatte die ausgeliehenen Bücher herbeizuschaffen, die Eviction zu leisten und den Transport in ein sicheres Haus zu gestatten, fand am 2. März eine neue Berathung statt: nur J. H. Balthasar hielt seinen Widerspruch aufrecht. Der Jurist A. Balthasar wünschte die Bücher sofort in die Bibliothek gebracht und in der Ordnung der Facultäten aufgestellt, auch sollte alsbald der Catalog in Angriff genommen werden (Nettelbladt besass keinen). Engelbrecht war der Ansicht, dass zum Besten des Publicums hinter dem Collegium ein eigenes Gebäude für die Bibliothek aufgeführt werden solle, ebenso der Mathematiker Andreas Mayer, auch erklärte der Bibliothekar Westphal, dass der neue Zuwachs im Bibliothekszimmer, obwohl dasselbe bereits mit Mittelrepositorien versehen war, keinen Platz fände, kaum 100 Bände könnten daselbst noch aufgestellt werden. Gegen die Errichtung eines neuen Gebäudes war A. G. Schwartz: bei dem bevorstehenden Neubau des Collegiums würde sich ein bequemer Platz für die Bibliothek ergeben. Nachdem noch ein Zwischenfall erledigt war (auf Schwartz' Wunsch hatte der Rector eine Designation der Suecica und Pomeranica von Nettelbladt verlangt, dieser gereizt erwidert, dass seine Bücher versiegelt seien und er daher das gewünschte Verzeichniss nicht liefern könne) wurde endlich am 21. März der Kaufvertrag aufgesetzt: N. sollte nach demselben seine sämmtlichen Bücher für 2100 Thlr., die auf 10 Jahre nach dem landesüblichen Zinsfusse verzinst werden, der Universität überlassen, Eviction leisten und, solange die Bücher in seinem Hause ständen, die Gefahr tragen, vorbehaltlich der Zustimmung der Regierung in Stralsund. Gegen diesen Entwurf wandte Nettelbladt ein, dass er die Stadt demnächst verlasse, daher auch die Gefahr nicht tragen könne, auch verlangte er zur Sicherung seiner Forderung eine Hypothek auf ein Universitätsgut. Der Syndicus musste daher ein neues Document aufsetzen, nach welchem 1100 Thlr. sofort ausgezahlt, 1000 Thlr. verzinst wurden. Die Auszahlung erfolgte noch vor Einholung des Consenses, da Nettelbladt Anfang April Greifswald verliess: er versprach daher, falls die Regierung ihre Zustimmung versagte, das erhaltene Geld zurück zu zahlen. Doch traf bereits am 20. April der erbetene Consens aus Stralsund ein. Als Nettelbladt im September 1743 seine Familie von Greifswald nach Wetzlar abholte, wurde ihm auch der Rest seiner Forderung von 1000 Thlr. ausgezahlt[1]).

Die nächste Aufgabe war nun einen Catalog der erworbenen Bücher, ca. 3400 an der Zahl, also erheblich mehr als die Universitäts-Bibiliothek besass, anzufertigen. Erst Ende October 1743 übersandte Westphal denselben dem Prorector Lembke[2]) und bat für seine Mühe und ausgestandene Kälte um eine Gratification: nach längeren Verhandlungen wurden ihm am 29. November 1743 25 Thlr. bewilligt: das Concil war ihm nicht sehr geneigt, da er, wie es scheint durch anhaltende Kränklichkeit, seinen Amtspflichten nicht mehr genügend nachkommen konnte; seit langen Jahren, bemerkte der Mediciner Scheffel bei dieser Gelegenheit, ist die Bibliothek Mittwoch und Sonnabend nicht mehr geöffnet. Im nächsten Jahre stellte sich auch der Universitäts-Secretair Unger, der bei der Aufnahme der Nettelbladt'schen Bibliothek geholfen, mit einer Forderung für seine Mühe ein und erhielt am 16. Juli 1744 12 Thlr. Im Sommer 1744 wurden die Nettelbladt'schen Bücher in die Bibliothek gebracht[3]), im Herbst ging man daran die Doubletten zu verkaufen: prophetisch äusserte sich Westphal dabei, es würde der philosophischen Facultät schwer fallen, verschiedene in der Nettelbladt'schen Bibliothek vorhandene

---

[1]) Dabei kam es noch zu höchst ärgerlichen Verhandlungen im Concil, weil der neue Rector Overkamp, N.'s Schwager, der als Verwandter im Frühjahr in dieser ganzen Sache nicht mit votirt hatte, jetzt die Angelegenheit in die Hand nahm. H 34. — [2]) Das Folgende nach H 42. — [3]) Album der Univ. III, 217 (von J. H. Balthasar, Rector 1/s 1744—1/s 1745): 1744 bibliotheca Nettelbladtiana 2100 imperialibus emta in locum bibliothecae transportata est.

Werke fortzusetzen: manche sind bis auf den heutigen Tag noch nicht completirt!

Vorläufig war der neuerworbene Schatz todtes Capital: weder wurde er durch Eintragen in die beiden Cataloge der Benutzung zugänglich gemacht, noch überhaupt aufgestellt: der Platz reichte dazu, wie erwähnt, nicht aus, und einen neuen Raum konnte die Bibliothek in dem durchgängig baufälligen Collegium nicht erhalten, obwohl sie erheblich unter diesen Uebelständen litt: am 16. Februar 1745 beschwerte sich der Rector J. H. Balthasar beim Concil darüber, dass der Boden über der Bibliothek Regen und Schnee durchlasse: 10 Bände seien so nass, dass drei aneinander gefroren: wenigstens möge man den Boden nach der Wetterseite mit Bohlen belegen [1]). Dieselben Uebelstände rügt auch der jüngere Balthasar: „die häufige Lekken hatten den Windelboden über die Bibliothek, der mit keinen Brettern belegt war, dergestalt mürbe gemacht, dass er hie und da einfiel, das Wasser auf die Bücher leckte, welche zur Winterszeit zusammen froren, zur Sommerszeit aber verstockten" [2]). Es war hohe Zeit, dass die Bibliothek aus dieser gefährlichen Lage gebracht wurde, als Westphal am 13. April 1747, erst 62 Jahre alt aber auch durch Krankheit seit lange hinfällig, starb. Mit seinem Nachfolger beginnt für die Bibliothek eine neue Aera.

---

[1]) H 32*. Vol. L — [2]) Von den akad. Gebäuden S. 13 u. 14.

Capitel IV.

Johann Carl Dähnert.
(1747 — 1785.)

Es dauerte einen Monat, bis die Universität daran dachte Westphal's Stelle an der Bibliothek wieder zu besetzen. Erst am 13. Mai 1747 machte der Rector Scheffel (Mediciner) dem Concil den Vorschlag, das vacante Bibliothecariat dem Orientalisten Overkamp (1732—1790) als dem ältesten im Collegium wohnenden Professor der philosophischen Facultät zu übertragen: während die Mehrzahl der Conciliaren nichts dagegen einzuwenden hatte, machte A. Balthasar darauf aufmerksam, dass neben demselben ein tüchtiger Unterbibliothekar, der die eigentlichen Geschäfte führe, angestellt werde [1]. Leider sind über die Vorgänge des Jahres 1747 gar keine Quellen erhalten: wir werden aber kaum mit der Vermuthung irren, wenn wir annehmen, dass Balthasar für diese zweite Stelle den Mann ausersehen hatte, der als Westphal's Nachfolger der eigentliche Schöpfer der Greifswalder Universitäts-Bibliothek geworden ist, Johann Carl Dähnert, dass dieser aber es ablehnte die Arbeit zu verrichten ohne die ihm dafür zukommende Stelle einzunehmen, worauf sich das Concil entschloss ihn als Bibliothekar anzustellen: am 27. Juli 1747 wurde er in sein Amt eingeführt [2]. Vom 11. Januar 1748 datirt seine Königliche Bestallung, durch die er die sechste Professur in der philo-

---

[1] H 32ᵃ. Vol. II. — [2] (Dähnert's) Pommersche Nachrichten von gelehrten Sachen. 1747 Stück 59 vom 1. Aug.: Die Königliche Akademie hat den hiesigen M. Johann Carl Dähnert zu ihrem Bibliothekarium erwählet und mit

sophischen Facultät erhielt¹); im Concil hatte er jedoch nur in Bibliotheksachen Sitz und Stimme: sein Gehalt betrug 200 Thlr. jährlich²).

Johann Carl Dähnert war am 10. November 1719 in Stralsund geboren³), wo sein Vater Johann Christoph Dähnert als geachteter Kaufmann ansässig war, seine Mutter war die Tochter des Archidiaconus von St. Nicolai Lemmius. Sein Grossvater, Nicolaus Dähnert, war Preussischer Förster in der Grafschaft Mark, dessen Vater und Grossvater gleichfalls als Förster, jener zu Frankenberg, dieser zu Büchenberg in Hessischen Diensten gestanden hatten. Dähnert erhielt seinen ersten Unterricht im Gymnasium seiner Vaterstadt, das er vom 6. bis 19. Jahre besuchte: zwei Lehrer desselben, der Subrector Pommeresche und der Conrector Wackenroder waren mit Schwestern seiner Mutter verheirathet, wodurch er beiden näher trat als es der Schulunterricht allein bewirkt hätte: frühzeitig kamen seine Neigungen für Gelehrtengeschichte und Bücher, für Sprachen und Geschichte, zum Vorschein. Er sollte Theologie studiren und hatte, bevor er 1738 die Landesuniversität bezog, bereits mehrfach in der Umgegend Stralsunds gepredigt. Unter Augustin Balthasar's Rectorat (1737/38) wurde er Ostern 1738 in Greifswald immatriculirt, wo er sich durchaus nicht auf sein Fachstudium beschränkte, vielmehr ausser Jurisprudenz und Medicin so ziemlich alle Vorlesungen hörte: Philosophie bei Stenzler und Ahlwardt, Mathematik und Physik bei Ahlwardt und Lembke, Orientalia bei Schröder und Overkamp, Geschichte bei Westphal, Theologie bei Rusmeyer und J. H. Balthasar; privatim trieb er Französisch, Italienisch, Englisch und Schwedisch, gab vielfach Privatstunden und hatte auch in Greifswald öfters Gelegenheit die Kanzel zu betreten.

Als er im dritten Jahr seines Studiums daran dachte eine

Bewilligung der Hochpreislichen Landesregierung am 27sten dieses (!) Monaths zu solchem Amte eingeführet. Dähnert gehörte bisher nicht der Universität an.
¹) Dähnert, Landesurkunden II, 999 n. 96. Am 20. Februar theilte D. seine Ernennung in den von ihm herausgegebenen Pommerschen Nachrichten mit, St. 15 vom 20. Februar 1748. — ²) Procuraturregister 1747/48. — ³) Bei der Bedeutung, welche Dähnert für die Greifswalder Bibliothek besitzt, sei es gestattet, bei seinem Lebenslauf ausführlicher zu verweilen. Hauptquelle ist: Th. C. Piper, Gedächtnissschrift auf Herrn Johann Carl Dähnert, Greifswald 1786. 4⁰.

andere deutsche Universität (Göttingen lag ihm im Sinn) zu beziehen, starben kurz nacheinander seine Eltern, deren Nachlass, in den sich vier Kinder theilten, zur Ausführung dieses Planes nicht ausreichte. So blieb Dähnert in Greifswald, wo er schon 1743 (24 Jahre alt) Secretair der 1739 gegründeten Deutschen Gesellschaft wurde: in dem Organ der Gesellschaft, den „Critischen Versuchen" veröffentlichte er zahlreiche (15) Aufsätze sprachwissenschaftlichen Inhalts und gab von 1743—1748 eine eigene kritische Zeitschrift, die Pommerschen Nachrichten von gelehrten Sachen, heraus.

Ueber die näheren Umstände, unter denen ihm Mitte 1747 die Leitung der akademischen Bibliothek übertragen wurde, sind wir leider nicht unterrichtet; desto deutlicher aber lässt sich die Thätigkeit, die der 28jährige Mann in seiner neuen Stellung entfaltete, erkennen.

Vergegenwärtigen wir uns noch einmal den Zustand der Bibliothek um diese Zeit. Das Local, in welchem sie untergebracht war, war allen Unbilden der Witterung ausgesetzt, baufällig, so dass die Bücher bereits erheblich gelitten hatten. Von dem Bücherbestand war nur die kleinere Hälfte catalogisirt, in dem alten Saalbach'schen Catalog nach Facultäten und Formaten, in dem neuen Westphal'schen nach systematischen Rubriken, die grössere Hälfte, die 1743 angekaufte Nettelbladt'sche Büchersammlung war noch nicht in die Cataloge aufgenommen. Die Mittel der Anstalt waren gering, auch stand die Verfügung über dieselben nicht dem Bibliothekar sondern den vier Facultäten, unter welche sie zu gleichen Theilen vertheilt wurden, zu. So that der Bibliothek eine gründliche Reformation in jeder Beziehung dringend noth und Dähnert war der geeignete Mann sie vorzunehmen.

Während seit Mai 1747 das alte Collegium stückweis niedergerissen wurde, um an Stelle desselben das noch heute bestehende dritte (von dem Professor Andreas Mayer erbaute) Gebäude aufzuführen[1]), begann Dähnert den inneren Aufbau der Bibliothek. Er legte zunächst ein Inventar der gesammten Büchermenge nach

---

[1]) Die Baugeschichte ist aus A. Balthasar's, Nachricht von den akademischen Gebäuden S. 13. 14 zu entnehmen: 1747 wurde der mittlere Theil des Gebäudes umgebaut, 1748 der Westflügel, 1749 der Ostflügel (in welchem sich die Bibliothek befand, die jetzt in den Mittelbau gebracht wurde.)

den vier Formaten mit Einschluss der Nettelbladt'schen Bibliothek an und förderte diese Arbeit, die er allein verrichtete, so, dass er noch zum Jahresschluss 1747 damit fertig wurde: die Zahl der Bände, aus der nach seinen vier Inventaren die Bibliothek bestand, war Anfang 1748

1622 in Folio
1703 in Quart
1462 in Octav
499 in Duodez
in Summa 5286 Bände.

Seine nächste Arbeit bestand im Eintragen der Nettelbladt'schen Bücher in den systematischen Catalog, die Fortführung des Saalbach'schen Accessionsverzeichnisses, das durch seine vereinfachten Inventare [1]) überflüssig geworden war, liess er fallen, legte dafür aber einen alphabetischen Catalog an. Neben den Büchern erforderten die von Westphal und seinen Vorgängern wenig beachteten Dissertationenbände und die aus der Nettelbladt'schen Bibliothek erworbenen Handschriften die Aufmerksamkeit des neuen Bibliothekars [2]): in einem Bericht, den er am 26. Juni 1748 dem Rector einreichte [3]), schlug er dem Concil vor, die 255 Disputationenbände, welche die Bibliothek besass, in bessere Ordnung zu bringen und die 75 Handschriften gleichmässig binden zu lassen, auch wünschte er Zettel mit der Bezeichnung: Ex bibliotheca academica drucken zu lassen, die in die einzelnen Bände eingeklebt werden sollten, wenn möglich vor dem für 1749 bevorstehenden Transport in das neue Local. Das Concil, an welches alle diese Anträge gebracht werden mussten, genehmigte den Druck der Zettel, lehnte aber das Einbinden der Handschriften vorerst ab. Ueberhaupt kam Dähnert in der ersten Zeit bei seinem Feuereifer für die Bibliothek häufig in Conflict mit dem Concil, das seinen wohlgemeinten und berechtigten Forderungen oft entgegentrat. Er suchte alles hervor, was der Bibliothek irgend von Nutzen sein konnte, so erinnerte er im November 1748 an die alte Königliche Verfügung von 1691, nach welcher Handschriften und Incunabeln der Kirchenbibliotheken in Schwedisch-

---

[1]) Dieselben bilden bis heute die Grundlage der Bibliothek und sind bis 1876 weitergeführt worden. — [2]) Unter den letzteren befand sich das Autograph von Bugenhagen's Pomerania (jetzt Msc. Pom. Fol. 12.), vgl. Pommersche Bibliothek I, 67. — [3]) H 32*. Vol. II.

Pommern an die Universitäts-Bibliothek abgeliefert werden sollten; das Concil, in welchem A. Balthasar besonders auf die Bibliothek der Nicolaikirche in Greifswald sein Augenmerk richtete, sprach sich zwar dafür aus, aber zur Ausführung sind Dähnert's Pläne nicht gelangt.

Die Hauptschwierigkeit lag für Dähnert, der gern allen Uebelständen der Bibliothek mit einem Schlage abgeholfen hätte, in dem Umstande, dass ihm bei allen seinen Massregeln die Hände gebunden waren, dass er stets die Zustimmung des Concils einholen musste und ihm über die spärlichen Mittel der Bibliothek keine Verfügung zustand. Am 9. September 1748 wandte er sich mit einer Beschwerde[1]) an den Rector, in der er Klage führte, dass er bei Anschaffung von Büchern kein Votum habe (wie wohl er in Bibliotheksachen Sitz und Stimme im Concil habe), wünschte von der (dem Recess von 1702) widerstreitenden Verpflichtung, Bücher, die er dem Concil nicht zur Anschaffung vorgeschlagen, auf die Bibliothek nehmen zu müssen, entbunden zu sein und verlangte endlich eine Designation der Bibliothekseinkünfte: dass ihm diese noch ganz unbekannt seien, hatte er schon am 26. Juni 1748 betont. Von den Professoren war nur der Schwede Benzelstierna (Jurist, 1747—1756) entschieden auf seiner Seite: das Concil beauftragte den jüngeren Balthasar mit einer Antwort auf Dähnert's Eingabe, welche ihm zwar das Votum bei Bücheranschaffungen einräumte, an dem bisherigen Modus der Ankäufe durch die Facultäten und die Viertheilung der Einnahmen jedoch festhielt: als dieser letzte Punct, den Dähnert mit vollem Recht für gänzlich unvereinbar mit einer gedeihlichen Entwickelung des Instituts hielt, am 1. November 1748 in einer Concilssitzung von Dähnert mit den triftigsten Gründen bekämpft wurde, entgegnete man ihm, dass sich ja die Facultäten gegenseitig gern dienen würden. Man wollte nicht einsehen, dass eine derartige Einrichtung, welche dem Bibliothekar jede Initiative nahm, für einen thatkräftigen Mann von 30 Jahren eine drückende Fessel bildete.

Inzwischen hatte, vielleicht auf Dähnert's Antrieb, am 2. October 1748 die Königliche Regierung in Stralsund die Universität aufgefordert für den nouen Bibliothekar eine Instruction zu ent-

---

[1]) H 40.

werfen¹). Das Concil kam dieser Aufforderung nach, schon nach 14 Tagen circulirte der Entwurf, an dessen Ausarbeitung die beiden Balthasar besonderen Antheil hatten, bei den Professoren und ging am 1. December nach Stralsund ab: natürlich hatte in demselben das Concil an dem bisherigen Anschaffungsmodus und der Viertheilung der Einnahmen festgehalten. Dähnert war zur Berathung dieser Instruction nicht hinzugezogen worden, worüber er sich am 29. November beschwerte: das Concil genehmigte darauf, dass er auch ausserhalb der Sitzungen bei schriftlicher Abstimmung in Bibliotheksachen votiren solle. Erst im März 1749 kam der Entwurf der Instruction aus Stralsund zurück und gerade an der entscheidenden Stelle verändert: in § 3 war die Bücheranschaffung durch die Facultäten und die Theilung der Einkünfte abgeschafft und das alte von dem Recess von 1702 eingeführte Verfahren: Vorschlag des Bibliothekars an Rector und Concil, wiederhergestellt, auch sollte der Bibliothekar einen Schlüssel zur Bibliothekscasse erhalten. Das Concil war über diese Aenderungen höchst betreten und beschloss auf J. H. Balthasar's Veranlassung die Regierung um Wiedereinführung des bisher bestandenen Modus zu bitten, es berief sich auf die Visitation von 1730 und auf den bedauerlichen Zustand der Bibliothek unter Horn, zu dessen Abhülfe gerade jene Initiative der Facultäten eingeführt worden sei. Aber die Regierung, wohl von Dähnert inspirirt, blieb standhaft und wies die Eingabe des Concils vom 25. April 1749 gerade mit Dähnert's Hauptargument ab, dass bei einer solchen Zersplitterung der geringen Mittel keine grossen Werke gekauft werden könnten (5. Mai 1749). So musste denn der Rector Aeminga Dähnert mit schwerem Herzen die Instruction übergeben, nicht ohne dass die Freunde des alten Herkommens, besonders der Generalsuperintendent Balthasar, für die Universität und ihre Casse alles mögliche Unheil aus der neuen Einrichtung prophezeiten.

Die neue Instruction vom 26. März 1749²), in 17 Paragraphen, regelte die Stellung des Bibliothekars zu Rector und Concil (§ 1), von denen derselbe in allen Stücken abhängig blieb, verpflichtete ihn zur Vollendung und Weiterführung des Inventars und Anlage eines dreifachen Cataloges: des Standortscataloges, des alphabetischen

---

¹) H 40. — ²) Abgedruckt in Dähnert's Sammlung pomm. rüg. Landesurkunden II, 1003—1006.

und des systematischen (§ 2): § 3 bestimmte den Anschaffungsmodus: in § 4 wurde dem Bibliothekar die Einmahnung etwaiger Defecte zur Pflicht gemacht. Die Benutzung der Anstalt, welche von 1702—1747 wöchentlich Mittwoch und Sonnabend einige Stunden geöffnet sein sollte, unter Horn und Westphal nur wenig besucht wurde und vorläufig (seit 1747) ganz geschlossen war, wurde erheblich erweitert. Der Bibliothekar sollte Mittwoch und Sonnabend von 1—4, an den vier anderen Wochentagen von 2—3 auf der Bibliothek für die Studirenden zugänglich sein: die Hundstagsferien sollten für die Bibliothek abgeschafft bleiben. § 6 bestimmte, dass Bücher auch an Mitglieder der Universität nicht ohne Revers, an Fremde und nicht zur Universität Gehörende erst nach ertheilter Erlaubniss des Rectors ausgeliehen werden durften, nach auswärts wurden Bücher ohne Vorwissen von Rector und Concil nicht geschickt. Nach § 7 sollte Niemand ein Buch länger als einen Monat behalten: nach §§ 8, 9 und 10 sollten vielgebrauchte Handbücher, seltene Werke und solche, die „irrig, gefährlich, fantastische Meinungen besonders in Theologicis enthalten" nur unter gewissen Beschränkungen verliehen werden. § 11 handelt von der Ersatzpflicht säumiger Entleiher, § 12 setzte fest, dass im Mai jährlich die Bibliothek vom Rector und den Decanen revidirt werden und drei Wochen vorher alle ausgeliehenen Bücher abgeliefert werden sollten. § 13 schärfte ein, Manuscripte, Naturalien-Sammlungen und mathematische Instrumente getrennt von den Büchern aufzubewahren, § 14 machte dem Bibliothekar eine ausgebreitete Correspondenz zur Vermehrung der Bibliothek zur Pflicht, § 16 (15 handelt im Allgemeinen von getreuer Pflichterfüllung) untersagte ihm ohne Wissen des Rectors die Stadt zu verlassen und § 17 übertrug ihm die Aufsicht über die Universitäts-Druckerei und den Buchladen: diese letzte Bestimmung hatte sich nicht im Entwurf des Concils befunden, sondern war ein Zusatz der Regierung, der den Professoren nicht unbedenklich erschien.

Im Sommer des Jahres 1749 erfolgte die Uebersiedelung der Bibliothek[1]) in den neuen für sie bestimmten Raum, das Mittelstück des neuen Universitäts-Gebäudes: hier erhielt sie einen die

---

[1]) Am 22. Juni 1749 meldete Dähnert dem Rector, dass in 4—6 Wochen die Einweihung der Bibliothek statt finden könne. H 32*. Vol. II.

volle Tiefe des Hauses einnehmenden Saal, den Dähnert in seiner Pommerschen Bibliothek I, S. 36 folgendermassen beschreibt:

„Die beiden übrigen [1. und 2.] Etagen dieses Theiles nimmt der auf eine ganz vorzügliche Art angelegte Büchersaal ein, welcher in einer Höhe von 26 Fuss durch beide Etagen gehet, und an jeder Seite nach Norden und Süden von 5 bis auf den Boden gehenden und mit verguldeten eisernen Brustgeländern versehenen grossen und eben so viel über den grossen angelegten kleinen Fenstern erhellet wird. Die beiden Haupteingänge stehen an der Seite einander gegenüber und zur Erhaltung der Symmetrie siehet man an der andern Seite gleiche Thüren zu Behältnissen der Manuscripte. Diese vier Oeffnungen aber sind mit vergoldeten Superbordes gezieret. Mit Bequemlichkeit in Ansehung der Höhe des Zimmers, zu den Büchern zu kommen, ist eine Gallerie angeleget, welche in einer Breite von 12 Fuss um das ganze Zimmer führet. Sie ruhet auf 24 Seulen nach Jonischer Ordnung, die gekoppelt sind, etwas vorgerückt stehen, und weil sie jedesmal gegen die Pfeiler treffen, dem Zimmer nichts von seinem Licht benehmen. Diese Seulen und das Gesims, welches sie tragen, sind nebst der Brüstung der Gallerie weiss ins rothe und graue gemarmelt, die Capitäler aber, Schaftgesimse und die Zierathen an den Entrelas der Brüstung vergoldet. Hinter die Seulen sind in dem unteren Theil des Zimmers Lambris herumgeführet, die nach der Breite der obern Gallerie einen besonderen Gang an den Büchern herum machen, der, wenn er verschlossen wird, hindert, dass nicht ein jeder zu den Büchern kommen kann. Diese Lambris haben gegen den freyen Platz Pulpeten, gegen die Wand aber mit Pulpeten gedeckte Repositoria. Sie vermehren dabey das schöne Ansehen des Saals, da der mittlere Platz, welcher noch 58 Fuss lang und 24 breit ist, ganz frey bleibt. An den Wänden stehen unten und oben 47 von Eichenholz wol ausgearbeitete und mit Decken gezierte Repositoria, deren Vielheit dem Bibliothekario freye Hände gelassen, in der Aufstellung der zahlreichen Bibliothek die genaueste Ordnung nach den Wissenschaften und ihren besonderen Abtheilungen zu beobachten. In den 4 Ecken des unteren Saals sind nette Behältnisse zu Naturalien und Kunstseltenheiten angebracht, deren jedes oben mit einer saubern vergoldeten Cartouche pranget, in welchen sich die Brustbilder der vier glorwürdigen Herzoge Wartislaf des IX. der die Akademie gestiftet; Philipp des I. der sie aus ihrem Verfall wieder emporgebracht; Ernst Ludwigs, der das vorige Collegium erbauet, und Bogislaf des XIV. dessen milder Dotation die Akademie ihren Wohlstand zu danken hat, befinden. In der Mitte der westlichen Seite ist zwischen den Repositorien ein Behältniss zu den Original-Membranen und ältesten Urkunden der Akademie angeleget, dessen Oeffnung der Thür gegenüber stehet, die in der Mitte der östlichen Seite nach den Aufgang zur Gallerie führet. Dieser Aufgang führt zuerst auf ein Vorzimmer in welchem die von dem übrigen Büchervorrath abgesonderten in Pommern und vornehmlich in Greifswald von je her gedruckten Bücher und kleine Schriften vor sich geordnet sind. Aus demselben tritt man sogleich auf die Gallerie der Bibliothek und siehet über den Eingang in einer verguldeten Superbord das Bildniss des besonders um die Akademie verdienten ersten Rectoris Rubenow; gegenüber aber über die Thüre nach Westen, die in einer gleichen Superbord eingeschlossene auf schwarzem Grund mit goldenen Buchstaben gesetzte Inschrift:

Quam / seculum litteris amicum / instruxit / amicicius auxit ornavit / optimo cuique / patet / bibliotheca / M. DCC. XL. VIIII.

An der Brüstung der Gallerie sind rund um bequeme Tische angebracht[1]) und oben ist sie mit 8 Groppen, zwey und zwey zusammen, die mit Insignien der vornehmsten Haupttheile einer jeden Wissenschaft versehen sind, und mit 8 Vasen nach der neuen Art abwechseln, gezieret. Alles dieses giebt dem Auge einen überaus schönen Anblick[2]) und die Annehmlichkeiten der ganzen Lage, der gute Geschmack in allem, was man wahrnimmt, verdoppeln das Vergnügen, mit welchem man sich sonst in woleingerichteten Bibliotheken aufhält."

Soweit Dähnert, aus dessen enthusiastischer Beschreibung man sowohl den Antheil, den er an der Ausschmückung seiner Bibliothek hatte, wie auch den Stolz, welchen er über den wohlgelungenen Bau nicht minder, als die übrigen Professoren, empfand,

---

[1]) Doppelte Bücherrepositorien waren also anfänglich auf derselben nicht angebracht, die 9000 Bände, aus denen 1749 die Universitätsbibliothek bestand, fanden noch bequem Platz. — [2]) Eine Abbildung des grossen Bibliothekssaals und der Gallerie zeigt das Titelkupfer zu Dähnert's gedrucktem Catalog von 1775.

erkennen kann: sagt doch A. Balthasar in seiner Beschreibung der akademischen Gebäude, dass die neue Akademie eine Zierde und Lüstre des Landes sei und nach der darüber waltenden Vorsicht des Allerhöchsten nicht anders denn mit dem Ende der Welt ihren Untergang finden werde (Akad. Geb. 15).

Die Einweihung des mit grossen Kosten[1]) hergestellten Neubaues erfolgte am 28. April 1750, dem Geburtstage des Königs Friedrich von Schweden, durch einen feierlichen Actus, die Eröffnung der Bibliothek aber, welche nach Dähnerts Mittheilungen bereits im Hochsommer 1749 fertig eingerichtet war, ging erst am 14. Juli 1750 vor sich. Dähnert erwähnt diese Festlichkeiten in seiner Pommerschen Bibliothek I, 60 mit folgenden Worten:

Der 14. Julius war zur feierlichen Eröffnung der Akademischen Bibliothek, als eines der schönsten Theile des neuen Akademischen Gebäudes festgesetzet. Am Sonntage vorher[2]) waren die vorzunehmenden Handlungen, vom Prorector[3]) und Akademischen Senat durch zwey Programmata angezeiget; an dem benannten Tage aber wurden sie des Morgens um 7 Uhr durch das Geläut der Glocken bekannt gemacht. Um 10 Uhr Vormittags versammelten sich die anwesenden Fremden und die Collegia dieser Stadt unter Pauken- und Trompetenschall in dem grössten Hörsaal, und giengen von da processionsweise auf die Bibliothek, welche zu einem bequemen Aufenthalt eingerichtet und von vielen Zuhörern beyderley Geschlechts angefüllet war. Der Verf. dieser Blätter, Prof. Dähnert, bestieg als Bibliothekarius die dazu errichtete Cathedram, und unterhielte die Versammlung mit einer Deutschen Rede, welche die Schicksale dieses Büchersaals und die Vortheile seiner neuen Einrichtung und Eröffnung zum Vorwurf hatte, diese aber einem jeden in einem freyen täglichen Gebrauch des Bücherschatzes darbot.

Nach Mittage um 2 Uhr geschahe die zwote Versammlung auf der Bibliothek. Der Bibliothekarius führte unsere geschickte Muse die Fräulein von Balthasar[4]) auf die Cathedram. Dieselbe

---

[1]) In die 20,000 Thaler. Balthasar l. c. 14. — [2]) Am 12., der 14. war ein Dienstag. — [3]) Aeminga. — [4]) Anna Christina Ehrenfried von Balthasar (1738—1808), die Tochter Augustins von Balthasar war trotz ihres Alters von 13 Jahren bereits ein „gelehrtes Frauenzimmer": vgl. über sie H. Müller, A. Chr. E. v. Balthasar's Bedeutung als Gelehrte und Schriftstellerin, Greifswald 1876.

hielte sich verpflichtet der Akademie die Dankbarkeit öffentlich zu bezeugen, zu der sie durch die ihren Bemühungen öffentlich gewidmete Aufmerksamkeit ermuntert war. Sie legte dieselbe in rührenden Ausdrücken dar und erwies zugleich, dass Bibliotheken die sicherste Wohnstäten einer wahren und ächten Freundschaft sind. Die sehr zahlreiche Versammlung beiderley Geschlechts hatte zureichende Ursache, abermal ihr vollkommenes Vergnügen über diese mit vollkommenem Anstand und Freymüthigkeit abgelegte Probe der Beredsamkeit zu bezeugen. Nach Ende der Handlung war in dem Hause des Herren Directors von Balthasar Concert und Ball, da man sich bis spät in die Nacht vergnügte. Beide an diesem Tage gehaltene Reden sind bey dem Buchdrucker Struck auf 4tehalb Bogen in gros 4 gedruckt[1]).

In die neuen schön ausgestatteten Räume war die Bibliothek bereits erheblich stärker eingezogen, als sie Dähnert im Sommer 1747 übernommen hatte: er hatte in den Jahren 1747—1750, ausser ca. 50 Bänden, die er als geschenkt in dem neu angelegten Memoriale donatorum verzeichnete, über 870 Bände angekauft und dafür gegen 500 Thlr. verbraucht; einen erheblicheren Zuwachs aber hatte die Bibliothek im Frühjahr 1749 durch den Ankauf der Bücherschätze des Wolgaster Rectors Johannes Bötticher erhalten.

Johannes Bötticher, aus der Gegend von Demmin gebürtig, seit 1724 Rector der Stadtschule in Wolgast, hatte auf einer Reise, die er 1724 und 1725 durch ganz Deutschland zum Zweck einer Collecte für die Wolgaster Kirche und Schule unternommen, zahlreiche literarische Verbindungen angeknüpft und eine Bibliothek gesammelt, die für seine Stellung und seine beschränkten Verhältnisse sehr bedeutend war. Sie bestand aus über 4000 Bänden theologischer und philologischer Literatur, umfasste eine beträchtliche Anzahl Incunabeln: ausserdem hatte der fleissige, die Geschichte seiner Heimath pflegende Mann zahlreiche Collectaneen über pommersche Geschichte und Gelehrtengeschichte zusammengebracht. Um seiner Frau und seiner einzigen Tochter, da er

---

[1]) Anna v. Balthasar's Rede ist bei Müller l. c. Anlage III, S. 70—79 wiederabgedruckt, von Dähnerts Vortrag besitzt die Universitäts-Bibliothek nur eine Abschrift (Msc. Pom. 4. n. 115).

kein Vermögen besass, einen Unterhalt nach seinem Tode zu sichern, bot Bötticher am 16. November 1748 durch den ihm bekannten Mediciner Scheffel seine Bibliothek der Universität Greifswald gegen eine jährliche Rente zum Kauf an[1]). Noch bevor diese sich darüber erklären konnte, starb der Rector und seine Wittwe wiederholte am 5. Februar 1749 das Anerbieten mit der Bitte, den Bibliothekar Professor Dähnert nach Wolgast zur Besichtigung der Bücher zu schicken. Im Concil, an das diese Angelegenheit gebracht wurde, erklärte sich J. H. Balthasar entschieden gegen den Ankauf einer ganzen Bibliothek, wir haben erfahren, bemerkt er, wie schlecht es mit dem Verkauf der Doubletten abläuft. Da Dähnert erklärte, die Bötticher'sche Bibliothek nur ungenügend zu kennen und den Wunsch aussprach die Reise nach Wolgast bald anzutreten, weil sich demnächst (bei dem bevorstehenden Umzug) die Arbeiten wieder häuften, so wurde er Anfang März nach Wolgast geschickt, von wo er am 13. nach mehrtägiger Besichtigung der Bibliothek an den Rector berichtete. Demnach betrug Bötticher's Büchersammlung an 4100 Bände, unter welchen sich zahlreiche pommersche Handschriften und Incunabeln befanden, für die die Wittwe anfangs 800, dann 600 Thaler forderte: Dähnert empfahl dringend den Ankauf, welchen das Concil bereits am nächsten Tage (14. März) einstimmig genehmigte und die Zustimmung des Canzlers, Fürsten Liewen, in Stralsund einholte, die am 22. einlief. Ende März machte sich Dähnert abermals auf den Weg nach Wolgast um die Bücher nach Greifswald zu schaffen. Er schloss am 1. April mit der Wittwe einen formellen Kaufcontract ab, nach welchem derselben 200 Thlr. baar ausgezahlt, die übrigen 400 mit vierteljährlicher Kündigung verzinst werden sollten. Doch erhob Frau Barbara, unterstützt von dem Nachfolger ihres verstorbenen Mannes Reichenberg, allerlei unberechtigte Ansprüche und verheimlichte hartnäckig den Catalog der erkauften Büchersammlung. Darüber und über die Auszahlung der schon 1749 gekündigten Kaufsumme an die nach Ablauf des Trauerjahres verehlichte Frau Reichenberg kam es Anfang 1750 noch zu ärgerlichen Streitigkeiten, da die Universität das Geld für Bötticher's Tochter sicher stellen wollte. Schliesslich muss sich der Catalog gefunden haben, denn heute besitzt

---

[1]) Die Acten hierüber in II 35.

die Universitätsbibliothek sowohl den alphabetischen Catalog Bötticher's (Msc. Pom. 4. n. 131) als auch sein Accessionsverzeichniss. Neben diesem erheblichen Zuwachs, welchen die Bibliothek in Bötticher's Büchersammlung erhielt[1]), war Dähnert auf jede erdenkliche Weise bemüht sie zu vermehren. Vortrefflich verstand er das Interesse sowohl der Universitätsangehörigen, als weiterer Kreise für sein Institut zu erregen und von Nah und Fern werthvolle Geschenke für dasselbe zu gewinnen. Das von ihm 1748 angelegte Geschenkbuch weist gerade für die erste Hälfte der fünfziger Jahre eine Menge Gaben auf, zum Theil aus weiter Ferne, wie von dem Cardinal und Bischof von Brescia Angelus Maria Querini (25 Bände theologischer und literarhistorischer Werke, 1751) und von dem Grossreferendar der Krone Polen Joseph Andreas Grafen Zaluski (36 Bände Geschichte und Recht Polens betreffend, 1753) aus Warschau. Von sonstigen Gebern ist noch Graf Brühl, der pommersche Historiker Oelrichs und der Stettiner Hofprediger Perard aus dieser Zeit zu nennen. Im Januar 1752 beschloss auch die deutsche Gesellschaft in Greifswald, wohl auf Veranlassung ihres Secretairs, eben Dähnert's, ihren kleinen Büchervorrath von 468 Bänden[2]) der akademischen Bibliothek einzuverleiben, wofür die Gesellschaft von der Universität einen Revers erhielt, dass ihr ein jederzeitiger unschädlicher Gebrauch der akademischen Bibliothek freistehen sollte. Ueber all' solche Vorgänge berichtete Dähnert in seiner seit 1750 herausgegebenen Zeitschrift, der pommerschen Bibliothek, in der er auch ein Verzeichniss der pommerschen Handschriften, der Incunabeln und anderer seltener Bücher mittheilte. Bis zum Ende 1753 war sein Bücherschatz auf 12,680 Bände gestiegen, die sich der Provenienz nach folgendermassen zusammensetzten:

Bestand von 1747: 5286
Geschenke von 1747/1753: 150
Bötticher's Bücher: 4163
Deutsche Gesellschaft: 468

Rest: 2713, der also von 1748 bis 1753 durch Kauf erworben sein muss. Die regelmässige

---

[1]) Die 600 Thaler für dieselbe wurden natürlich aus der akademischen Kasse bezahlt. — [2]) „Zur deutschen Literatur, Kritik und den schönen Wissenschaften gehörig." Dähnert im Geschenkbuch.

Vermehrung der Bibliothek durch Ankauf war freilich der wunde Punct in Dähnert's Verwaltung, weil die Mittel doch zu spärlich flossen. Die Einnahmen betrugen in den ersten 10 Jahren seiner Amtsführung:

1747/48:	88 Thlr.	36	gl.	
1748/49:	125 =	32	=	
1749/50:	106 =	12	=	
1750/51:	216 =	40	=	
1751/52:	286 =	—	=	
1752/53:	138 =	8	=	
1753/54:	205 =	43	=	
1754/55:	142 =	$13\frac{1}{2}$	=	
1755/56:	108 =	$\frac{1}{2}$	=	
1756/57:	222 =	36	=	

Auf jede Weise war Dähnert bemüht sich neue, wenn auch einmalige Einnahmen zu verschaffen: 1748/49 verauctionirte er (stets natürlich mit Zustimmung des Concils) für 41 Thlr. 44 gl. Doubletten[1]), 1750/51 hatte er der Universität die alte Schuld von 1712 mit 124 Thlr. gekündigt, 1751/52 hatte er es durchgesetzt, dass ein Capital von 100 Thlr., welches dem Universitätsbuchhändler Weitbrecht von der Universität geliehen war, als Bezahlung von Büchern, die jener der Bibliothek geliefert hatte, compensirt wurde. Nach Abzug dieser ausserordentlichen Einnahmen ergiebt sich für das erste Decennium Dähnert's eine Summe von 1200 Thlrn., also 120 Thlr. jährlich: zu den aus der früheren Periode bekannten Einnahmequellen war seit 1748 noch eine fünfte, Extraordinaria, gekommen, die aus Abgaben von Bauerhöfen (1 % der Pachtsumme), des Buchbinders und des Stadtmusicus bestand. Die Ausgaben für 2700 Bände, welche Dähnert bis Ende 1753 nach obiger Uebersicht gekauft hat, betrugen:

1747/48: 88 Thlr. 36 gl.; (Einnahme ebenso, es bestand noch das Viertheilungssystem.)
1748/49: 188 = 25 = = : 125 Thlr. 32 gl. also Deficit!
1749/50: 225 = 06 = = : 106 = 12 = also Deficit!
1750/51: keine Ausgabe : 216 = 40 =

---

[1]) Schon am 21. December 1747 hatte Dähnert Doubletten der Bibliothek verauctioniren lassen. Pommersche Nachrichten 1747. S. 776.

1751/52: 309 Thlr. 16 gl.   : 286 Thlr. — gl. also Deficit!
1752/53: 46   =   29 =   : 138 = 8 =

Dähnert gab also meistens mehr aus, als er hatte: die Auszahlung der Capitalien von 1750 und 1751 stellt sich daher bei näherer Betrachtung als nothwendig gemacht durch die Schulden der Bibliothek heraus. Es ist leicht begreiflich, dass diese dem Verfahren der Vorgänger entgegengesetzte Finanzwirthschaft, welche die Einnahmen nach den Ausgaben bemessen wollte, Dähnert mit dem Concil, das durch den kostbaren Bau des Collegiums die Casse schwer belastet hatte, in einen fortdauernden Conflict brachte. Mehr als einmal lehnte das Concil anfänglich die Bezahlung der Schulden der Bibliothek ab, mehr als einmal musste sich Dähnert von einheimischen Lieferanten, Buchhändlern und Buchbindern für gelieferte oder eingebundene Bücher verklagen lassen.

Seit der zweiten Hälfte der fünfziger Jahre fliessen die Quellen für die Geschichte der Bibliothek spärlicher. 1756 in dem Jahre, in welchem im October die Universität ihr dreihundertjähriges Jubelfest beging, vermachte der Königliche Hofrath und Domänenprocurator Abraham Droysen am 26. Februar seine zahlreiche juristisch-historische Büchersammlung der Universität unter der Bedingung, dass dieselbe „convenablement lociret und distinguiret" werde. Droysen starb 1759 und so fielen der Bibliothek 3252 Bände zu, welche in einem besonderen Zimmer des zweiten Stockes neben dem Vorzimmer der Gallerie aufgestellt wurden. Das nächste Jahr 1760 brachte einen Zuwachs von 790 Bänden medicinischer Schriften, welche der Mediciner Scheffel in seinem Testamente der Bibliothek überwies [1]).

Seit 1758 war Greifswald durch den siebenjährigen Krieg in Mitleidenschaft gezogen, preussische und schwedische Besatzungen wechselten ab und wenn auch die Preussen strenge Mannszucht hielten, empfand man doch den Kriegszustand durch drückende Contributionen. Auch die Bibliothek litt bei diesen Kriegszeiten: „es war im Kriege nicht abzuschlagen, bemerkte Dähnert später in einem Promemoria bei der Revision der Bibliothek [2]), wenn die schwedische oder preussische Generalität und Officiers Bücher zur Lectüre verlangten. Und so sorgfältig man auch war, die

---

[1]) Geschenkbuch zu diesen Jahren. — [2]) 1780, in H 44.

Zurückgabe zu bewirken, hat bey einem schnellen Aufbruch doch manches unabgegeben bleiben können, besonders wenn ohne mein Vorwissen von Herren Professoren die Bibliothek geöffnet und Bücher weggeliehen worden [1]). Seit 1758 war Dähnert die neugegründete Professur des schwedischen Staatsrechts übertragen, durch die er Sitz und Stimme im Concil als Ordinarius und eine Zulage von 100 Thalern erhielt: vielleicht hing es mit dieser neuen Thätigkeit des arbeitsamen Mannes zusammen, dass ihm auf der Bibliothek eine Hilfe in einem Vicebibliothekar gegeben wurde, für welchen Rector und Concil unter dem 3. October 1761 eine Instruction erliessen, nach deren 7 Paragraphen er überall von dem Bibliothekar abhängig war und dessen Anordnungen auszuführen hatte [2]): speciell lag ihm das Ausleihen der Bücher ob, auch sollte er täglich eine Stunde für die Studirenden auf der Bibliothek anwesend sein. Der erste Vicebibliothekar war der Schwede Elias Trägord (1750—1797), den jedoch Dähnert zu den eigentlichen Bibliotheksgeschäften, speciell der Führung der Cataloge, nicht heranzog, vielmehr diese selbst verrichtete [3]).

Auch für die sechziger Jahre des vorigen Jahrhunderts sind wir über Dähnert's Amtsthätigkeit weniger unterrichtet, als über seine Anfänge. Die Bibliothek vermehrte sich nicht mehr so stark, wie in der ersten Zeit, obwohl auch ausser den beiden grossen Legaten von Droysen und Scheffel zahlreiche Geschenke eingingen; von 1757—1774 an 367 Bände, unter denen die 1764 vom Herzog Adolph Friedrich IV. von Mecklenburg-Strelitz (seit 1752 Rector magnificentissimus der Universität) geschenkten Philosophical Transactions der Royal Society in London von 1665 bis 1760 in 43 Bänden und 244 Bände, welche 1763 A. von Balthasar bei seiner Versetzung an das Tribunal in Wismar der Bibliothek zurückliess, an erster Stelle zu nennen sind. Balthasar übergab damals auch an Dähnert als Depositum eine Sammlung von 27 Bänden Briefschaften des schwedischen Gesandten beim Westphälischen Frieden Johann Adler Salvius, deren Besitz für die Bibliothek später noch ärgerliche Weiterungen herbeiführen

---

[1]) In demselben Memorial beklagt sich Dähnert, dass ausser ihm noch andere den Schlüssel zur Bibliothek besässen. — [2]) Dähnert, Landesurkunden II, 1006/1007. — [3]) Er rühmte sich 1779, dass er in 31 Jahren alles auf der Bibliothek selbst geschrieben: bis 1780 sind auch alle Cataloge und Bücher von ihm geführt.

sollte. Die Anzahl der von 1754—1774 gekauften Bände betrug ca. 2600, während in den sechs Jahren 1747—1753 ca. 2700 Bände durch Kauf erworben waren. Einnahmen und Ausgaben stellten sich in den Jahren 1757/1773 auf:

	Ausgabe			Einnahme			
1757/59:[1])	210 Thlr.	43	gl.	305 Thlr.	37	gl.	
1759/60:	104	5	=	207	18	=	
1760/61:	207	1	=	253	45	=	
1761/62:	135	—	=	173	36	=	
1762/63:	193	39	=	231	13	=	
1763/64:	165	34	=	120	19	=	(also Deficit!)
1764/65:	213	44	=	201	19	=	= =
1765/66:	152	27	=	135	40	=	= =
1766/67:	167	12	=	72	40	=	= =
1767/68:	193	32	=	157	19	=	= =
1768/69:	158	13	=	105	8	=	= =
1769/70:	124	17	=	78	—	=	= =
1770/71:	165	27	=	84	—	=	= =
1771/72:	154	8	=	126	22	=	= =
1772/73:	119	—	=	89	—	=	= =

Seit 1763 war also wieder beharrlich mehr ausgegeben als eingenommen worden. Seit 1762/63 wurden die Bibliotheksrechnungen nicht mehr von dem Rector geführt, sondern von Dähnert selbst; man führte später im Concil diese Aenderung, mit welcher vom nächsten Jahr an das chronische Deficit in auffallender Weise zusammentrifft, auf die Versetzung des jüngeren und den Tod des älteren Balthasar (1763) zurück. Die Einnahmen bestanden aus den bisherigen Posten, von ausserordentlichen Einnahmen sind nur 1764/65: 113 Thlr. 11 gl. für verkaufte Doubletten zu nennen: zu den Ausgaben gehört seit 1760 der Lohn des Bibliothekswärters Lindemann mit 40 Thlr. jährlich. Ueber den Zustand der Bibliothek und deren Entwickelung seit 1747 hatte Dähnert sich 1771 vor der Visitationscommission in einem Bericht über die gesammte Lage der Universität, den er vollständig entworfen, zu äussern. Der Bericht, „ein Actenstück

---

[1]) Diese beiden Jahre sind im Rechnungsbuch zusammengefasst.

würdiger Besonnenheit"[1]), lautete nach Baumstark's Auszug in dem die Bibliothek betreffenden Capitel folgendermassen:

Die Bibliothek bestand noch im Jahre 1730 aus nur 400 bis 500 Bänden[2]). Dazu wurden für 1000 Thaler Bücher ersteigert und der ordentliche Bibliotheksfond unter die Facultäten in Quoten vertheilt. Dann wurde die Nettelblad'sche Bibliothek für 2200 Thlr.[3]) angekauft, aber es fehlte am Raume zur Aufstellung, bis im Jahre 1747 ein Bibliothekar angestellt und bald darauf das neue Universitätsgebäude gebaut war. Da bekam dieses Fach ein anderes Ansehen. Dann wurde die Bibliothek nach und nach vermehrt durch Ankauf der Bötticher'schen Bibliothek mit 600 Thlrn., durch Ankäufe grosser Werke mittelst Ersparnissen, durch die Legate von Droysen und Scheffel, durch Geschenke Lebender. Der Herzog von Strelitz beschenkte sie mit der vollständigen Sammlung der Philosophical Transactions und mit einem Capital zu deren Fortsetzung[4]), und es wurde ihr auch die Bibliothek der hiesigen deutschen Societät einverleibt. Der Bibliotheksfond besteht bis jetzt aus 22 $1/_2$ Thlr. alter Zinshebungen, 25 Thlr. Zuschuss aus der akademischen Casse, kleinen Gebühren von Promotionen und Inscriptionen, und aus den neuerdings[5]) von den Curatores bewilligten freiwilligen Geschenken der Pächter bei Verpachtungen, bestehend in 1.% der Pachtsumme. Und hieraus ist seit 10 Jahren der Sold des Bibliothekswärters mit 40 Thlr. bestritten worden, den das Concil nunmehr auf die akademische Casse übernommen zu sehen wünscht. Von 4500 Bänden im J. 1748[6]) ist sie in 23 Jahren auf 20,000 Bände angewachsen und nun catalogisirt „selbst jedes Blättchen". Das Concil wünscht einen Zuschuss aus der Casse zum Bibliotheksfond von 100 Thlrn. jährlich und den Abschluss eines Vergleiches mit den Erben des Prof. von Schwartz zur Erwerbung der von ihm hinterlassenen 64 Foliobände starken Manuscripten- und Urkundensammlung durch Kauf oder eine Leibrente für dessen Tochter. Endlich wünscht das Concil die Ermächtigung zur Subscription auf 100 Exemplare

---

[1]) E. Baumstark, die Universität Greifswald vor 100 und vor 50 Jahren Greifswald 1865, S. 35. — [2]) Diese Zahl ist zu niedrig, s. oben Cap. 3. — [3]) 2100 Thlr. s. oben S. 38. — [4]) 150 Thlr. nach dem Geschenkbuch. — [5]) 1748. — [6]) Auch diese Zahl ist zu niedrig, sie muss 5300 heissen s. oben S. 43.

des Bibliotheks-Catalogs, welchen Dähnert auf eigene Kosten drucken lässt und herausgiebt.

Der am Schluss dieses Berichtes erwähnte Druck des (alphabetischen) Cataloges war eine Lieblingsidee Dähnert's, die derselbe bereits seit zwanzig Jahren unablässig verfolgt hatte. Schon Ende 1752 überreichte er dem Rector eine Denkschrift, in welcher er die Vortheile eines gedruckten Cataloges in ein helles Licht zu setzen sich bemühte: er war, wie er ausführte, damals mit allen Einrichtungen und Verzeichnissen der Bibliothek fertig, die Kosten sollte der akademische Buchdrucker Struck, der Schuldner der Universität, abarbeiten [1]). Das Concil hatte principiell gegen Dähnert's Vorschläge nichts einzuwenden, wünschte aber in seiner Sitzung vom 17. November einen Ueberschlag der Kosten. Darauf erbot sich Dähnert den Catalog selbst in Verlag zu nehmen, wenn ihm das bei Struck stehende Kapital von 400 Thalern zur Beihülfe überwiesen werde; für den Zinsverlust sollte die Universitäts-Casse durch die 20 Thaler, welche der Stadtmusicus zur Bibliothek zahlte, entschädigt werden [2]). Das Concil lehnte aber diesen Vorschlag wegen des schlechten Zustandes der Casse ab. Als geringen Ersatz für dieses fehlgeschlagene Project begann Dähnert 1754 in seiner Zeitschrift, der „Pommerschen Bibliothek" ein Verzeichniss der seltenen Bücher seiner Bibliothek mitzutheilen; im Vorwort desselben äusserte er sich über den Nutzen gedruckter Cataloge [3]):

„Oeffentliche Bibliotheken haben nur den halben Werth und Nutzen, so lange nicht gedruckte Verzeichnisse von denselben in den Händen eines jeden sind, dem Ort und Umstände den Gebrauch der darin befindlichen Werke erlauben. Sie sollen die Mängel und Bedürfnisse der Privatbibliotheken ersetzen und ihr Vorrath soll dem allgemeinen Nutzen, und in demselben der Erweiterung aller Arten der Erkenntniss und der Verbesserung der Wissenschaften gewidmet seyn. Diesem Zweck ein Genüge zu thun, ist nichts natürlicher, als eine genaue Anzeige dessen was vorhanden ist. Die Oeffnung der Bibliotheken selbst hat freylich ihren auf obigen Zweck abzielenden Nutzen, aber sie hat ihn nur für die wenigen, die an dem Ort sind, und ihren

---

[1]) Denkschrift vom 14. October 1752 in II 42. — [2]) Vom 21. Nov. 1752. II 42. — [3]) Pommersche Bibliothek Bd. 3 (1754) S. 1 ff.

Arbeiten oder Bequemlichkeiten die Zeit entziehen wollen, die zu einem fruchtbaren Besuch der Bibliotheken erforderlich ist. Und auch diesen wird ein grosser Vortheil geschaffet, wenn sie sich auf ein Verzeichniss, das sie in Händen haben, beziehen können. Ein Bibliothekarius ist ohne dasselbe eine geplagte Person, wenn er mit fleissigen Gelehrten umgeben ist, die nach brauchbaren Werken forschen, oder allen Anfragen auswärtiger Correspondenten ein Genüge thun soll. Man hat aber nicht nöthig ihn mit vergeblichen Anfragen zu belästigen, wenn man aus dem Catalogo der Bibliothek selbst Unterricht nehmen kann. — Wie man aber bey der neuen Einrichtung [1]) überhaupt die Massregeln genommen hat, dass dieser Bücherschatz dem Publico nutzbar werden soll, so stehet zu hoffen, dass auch die bisherigen Hindernisse an der öffentlichen Bekanntmachung eines genauen Verzeichnisses dieser Bibliothek mit der Zeit werden gehoben werden."

Es dauerte aber noch zwanzig Jahre, bis diese Hoffnung sich erfüllte. Erst 1773 konnte Dähnert das Erscheinen dieser so lange geplanten Arbeit ankündigen, 1775 trat der erste Band ans Licht [2]). Aus der Vorrede, welcher eine französische Widmung an den König Gustav III. von Schweden vorangeht, entnehme ich die Stelle, aus welcher sich die Einrichtung sowohl des gedruckten Cataloges als überhaupt der Plan, den Dähnert bei seiner Catalogisirungsarbeit verfolgte, klar ersehen lässt: [3])

„So habe ich einen besondren Catalogum nach der alphabetischen Ordnung der Autoren verfasset und in demselben nicht blos die Titel der in jenem aufgeführten Bücher unter die Namen ihrer Verfasser gebracht, sondern alle ihre einzelnen Ausarbeitungen über besondere Materien, sie mögen für sich als Opera collecta eines Gelehrten gedrucket oder von andren in ihre für historische und dogmatische Materien angestellten Sammlungen aufgenommen: sie mögen als einzelne akademische Schriften und Disputationen ausgefertiget, oder in die grossen

---

[1]) Des neuen Universitätsgebäudes. — [2]) Academiae Grypeswaldensis Bibliotheca. Catalogo auctorum et repertorio reali universali descripta a Johanne Carolo Dähnert, Professore regio et bibliothecario. Grypeswaldiae, litteris A. F. Röse. 4°. Tomus I, 1775 8 Bl. u. 1230 S. Tomus II, 1775 1046 S. Tomus III Repertorium reale continens 1776 2006 S. — [3]) I, S. 2 ff. der Vorrede.

Schrift-Sammlungen der Akademien der Wissenschaften und in die periodischen Schriften kleinerer Societäten, oder einzelner gelehrter Sammler, eingetragen seyn, hier unter ihren Autoren beysammen, oder wenn diese nicht genannt sind, unter einem ihrem Inhalt gemässen Appelativo verzeichnet. Damit aber nach beiden Verzeichnissen ein jedes Buch und eine jede der kleinsten und versteckstesten Piecen sofort in der Bibliothek selbst gefunden werden könne und keine Versetzung der Bücher oder unvermeidliche Umänderung ihrer Repositorien und Stellen jene Catalogen unbrauchbar mache oder eine beständige Veränderung der Anweisungszeichen darin erfordere, so habe ich bey der ersten Einrichtung der Bibliothek ein Inventarium der gesammten Bände nach ihren Formaten errichtet, welches die Basis ist, und so lange die Bibliothek und ihre Vermehrung dauret, fortgesetzt werden kann[1]). Die No., die in diesem Inventario ein jeder Band hat, ist und bleibt sein beständiges Zeichen. Und wie diese Nummer bey einer jeden Piece in den Catalogen angemerket ist: so schlägt man sie blos in dem Inventario nach und findet da gegen jeden Band auf einer weiss gelassenen Seite die Stelle mit Zeichen bemerket, die der Band in der Bibliothek hat. Und diese Zeichen in dem Inventario haben lediglich eine Veränderung nöthig, wenn ich den Büchern andre Stellen zu geben gut finde, ohne dass des Bandes Nummer und mithin die Anweisungen in den Catalogen je eine Veränderung bedürfen, wenn auch die ganze Bibliothek verändert, transportiret und neu umgesetzt, oder wie hier geschehen ist, in Neben-Zimmer[2]) verbreitet werden sollte. — Das[3]) Hauptwerk (des gedruckten Cataloges) ist, nach diesem Plan, ein vollständiges nach dem Alphabet der Autoren eingerichtetes Verzeichniss aller auf der Bibliothek befindlichen grösseren und kleineren Schriften aus allen Wissenschaften, sie mögen einzeln für sich gedruckt oder in Sammlungen der Werke der Gelehrten und der Akademien der Wissenschaften versteckt seyn, geblieben. Mit demselben ist aber ein vollständiges Repertorium über die Materien aller vorhandenen grösseren und kleineren Schriften, nach dem Alphabet der Sachen verbunden. Und wie

---

[1]) Bis 1865 wurde Dähnert's System beibehalten. — [2]) Diess bezog sich auf die Droysen'sche Bibliothek s. oben S. 54. — [3]) I, S. 4 ff.

bey jeder Piece[1]) des ersten Verzeichnisses die Nummer angegeben worden, nach welcher die Schrift in der Bibliothek zu finden ist: so weiset das Repertorium auf die Nummer, welche jedes Stück in dem vorstehenden Verzeichniss hat. Die Anzahl der Schriften und ihrer Nachweisungen gehet in beiden an eine Zahl von 100,000, die in den ungefähr 20,000 Volumen der Bibliothek liegen, und weit höher steigen würden, wenn ich nicht die Absonderung mancher unerheblicher Stücke dienlich gefunden hätte."

Ungerecht wäre es vom Standpunkt unserer heutigen veränderten und ausgebildeteren Technik in Bibliotheksarbeiten ein ungünstiges Urtheil über Dähnert's gedruckten Catalog zu fällen. Die Verbindung des alphabetischen mit dem systematischen System (bei anonymen Werken) erschwert für unsere heutigen Anschauungen das Aufsuchen der Bücher, zahlreiche Druckfehler in den Zahlen vermindern seine Zuverlässigkeit, aber andererseits leistet er in dem Excerpiren der Zeitschriften und Sammelwerke mehr, als die meisten derartigen Arbeiten. Für seine Zeit war Dähnert's Catalog das Muster einer fleissigen, sorgfältigen und vollkommen erschöpfenden Uebersicht über den Bestand einer Büchersammlung und auch heute unter ganz veränderten Verhältnissen hat er noch gerade durch die Notizen über den Inhalt der Sammelbände für die Nachfolger an der Bibliothek einen hohen Werth.

Das Jahr 1775, in welchem Dähnert seinen Lieblingswunsch erfüllt sah, brachte der Universität in dem Recess vom 11. Mai 1775 ein neues Grundgesetz. Er bildete den Abschluss der Visitation von 1771 und enthielt auch für die Bibliothek eingehende Bestimmungen. § 22, welcher von den akademischen Instituten handelt, verbreitet sich in erster Linie über die Bibliothek.

„Solchergestalt," heisst es daselbst[2]), „ist bey der ansehnlichen Bibliothek gegenwärtig ein besonderer Bibliothekarius bestellet, welcher die bereits verfertigte Verzeichnisse der Bücher, nebst dem vollständigen Repertorio fortzusetzen, die Bibliothek gewisse Tage und Stunden zu jedermanns Gebrauch offen zu halten, die Studierenden in zwey besondere Stunden in der Wochen, in welchen keine andere Collegia gelesen werden müssen, mit den

---

[1]) Im Ganzen 52,021 und 780 im Nachtrag. — [2]) Dähnert, Sammlung Pomm. Landesurkunden Suppl. II, 126.

wichtigsten Werken aus allerley Wissenschaften bekannt zu machen, und dem Concilio gegen die Oster- und Michaelis-Messen, auch bey bevorstehenden Bücher-Steigerungen, anzuzeigen, was für Bücher für die in cassa Bibliothecae vorhandenen Mittel anzuschaffen seyn dürften, endlich aber auch dahin zu sorgen hat, dass die Hälfte der Inscriptions-Gebühren, wie auch andere der Bibliothek beygelegte Zuflüsse derselben nicht entzogen werden, überhaupt aber über deren Einnahme und Ausgabe besondere Rechnung führet und jährlich ableget. Beym Verleihen der Bücher muss er für die Sicherheit der Bibliothek auf alle Art sorgen und ohne Revers auch an Akademie-Verwandte keine Bücher leihen, von Fremden aber sich hinlängliche Sicherheit stellen lassen und ausserhalb der Stadt überall keine Bücher verleihen. Wer die entlehnten Bücher beschmutzet oder gar beschädiget, soll dafür ein gleich gutes Exemplar an die Bibliothek zu liefern schuldig seyn oder wenn es nicht mehr zu haben seyn sollte, dessen Werth doppelt ersetzen. Länger als höchstens vier Wochen darf keiner ein Buch bey sich behalten und alle Jahre im Monat May soll die Bibliothek beysammen seyn. Sodann muss der neue Rector mit den Decanis der vier Facultäten die Revision der Bibliothek vornehmen und nachsehen, ob selbige nach den Verzeichnissen vollständig sey. Da auch die Bibliothek nunmehro in Ordnung und die dabey anzuwendende Bemühung folglich geringe, so hat nach Abgang des jetzigen Bibliothekars der zweyte Professor der Philosophie, wie vorhin erwähnet[1]), die jetzt erwähnten Obliegenheiten des Bibliothekars unentgeltlich zu übernehmen."

An den neuen Recess von 1775 knüpften sich zwei für die Bibliothek und speciell für Dähnert unerfreuliche Angelegenheiten, die sich durch mehrere Jahre hinzogen, die Revision der Bibliotheksrechnungen und die Revision der Bibliothek selbst: in beiden verfuhr das Concil nicht mit der Rücksicht, die ein so verdienter und nur auf die Förderung des Instituts bedachter Mann, wie Dähnert, wohl erwarten konnte, wenn dieser auch andererseits von einer gewissen Neigung zur Eigenmächtigkeit und zur Ueberschreitung seiner Befugnisse nicht frei zu sprechen ist. Den Anlass dazu gab ihm die fortdauernd schlechte Finanz-

---

[1]) ib. § 3 l. c. S. 114.

lage der Bibliothek: auch während der Thätigkeit der Visitations-Commissions und nach Erlass des Recesses gab er mehr aus, als der Zustand der Casse erlaubt hätte: Einnahmen und Ausgaben betrugen von 1773 bis 1780:

	Einnahme:	Ausgabe:
1773/74:	95 Thlr. 8 gl.	123 Thlr. 39 gl. (also Deficit)
1774/75:	235 = 45 =	326 = 47 =
1775/76:	189 = 40 =	217 = 32 =
1776/77:	125 = 4 =	155 = 21 =
1777/78:	158 = 4 =	162 = 46 =
1778/79:	124 = 24 =	120 = 6 =
1779/80:	139 = 46 =	90 = 33 =

Statt des 1771 vom Concil gewünschten jährlichen Zuschusses von 100 Thlrn. hatten die Revisionscommission und der Curator Graf Sinclair der Bibliothek eine einmalige Einnahme von 500 Thlrn. zugewandt[1], für welche Dähnert 47 wichtige Werke anschaffte, deren Fortsetzung und Einbinden aber neue Sorgen machte. Um sich einigermassen zu helfen, hatte er schon seit mehreren Jahren die Zinsen der vom Herzog Adolf Friedrich IV. von Mecklenburg zur Fortsetzung der Philosophical Transactions bestimmten 150 Thlr. anders verwandt. Von allen Seiten wurden Klagen über nicht bezahlte Bibliotheksrechnungen laut. So sah sich denn zu Beginn des Jahres 1779 der Rector Muhrbeck[2] genöthigt die Uebelstände der Bibliothek dem Concil vorzulegen[3]: die Bibliothekscasse stecke tief in Schulden, woran die seit 1762 nicht mehr erfolgte Revision der Rechnungen, die jetzt der Bibliothekar führte, Schuld sei; derselbe hätte auch nicht mehr dem Concil vorher angezeigt, welche Bücher anzuschaffen seien, sondern sei darin selbständig verfahren, auch die Inscriptionsgelder gingen, soweit sie in die Bibliothekscasse flössen, nicht mehr durch die Hand des Rectors. Das Concil ernannte zunächst eine Commission, bestehend aus den Professoren Kiellmann[4] und Gadebusch[5], um die Bibliotheksrechnungen seit 1762 zu prüfen und beschloss, dass nur auf Befehl von Rector und Concil die Inscriptionsgelder künftig ausgezahlt werden sollten. Die beiden

---

[1] Das Folgende nach H 32ᵇ. Vol. 3. — [2] Philosoph 1767—1805. — [3] Bericht desselben vom 13. April. — [4] Philologe 1743—1780. — [5] Jurist 1775—1797.

Deputirten erhielten auf ihr Verlangen am 2. Mai vom Rector Muhrbeck ihre Instruction: sie sollten untersuchen, auf wessen Veranlassung die einzelnen Posten angeschafft seien und sich überzeugen, ob die Inscriptions- und Promotionsgebühren ordentlich eingegangen wären, deshalb wurden die vier Decane ersucht über dieselben seit 1762 Auskunft zu geben. Erst am 29. November 1779 konnten die beiden Deputirten Bericht über ihre Arbeit erstatten: sie fanden die Rechnungen vielfach unklar, zahlreiche Belege fehlten, andere Rechnungen waren unquittirt, häufig standen auf denselben Bücher, die Dähnert für sich gekauft hatte; sie tadelten auch, dass zuviel Journale gehalten würden. Im Einzelnen wies der Bericht 60 Monita auf. Derselbe ging Dähnert zur Beantwortung zu, der erst am 4. März 1780 seine „Beleuchtung" einreichte. Er sprach im Eingange seine Verwunderung darüber aus, dass seine „armselige" Bibliotheksrechnung trotz gegenstehender Concilsbeschlüsse und obwohl sie bereits von der Visitationscommission geprüft sei, noch einmal so gründlich revidirt worden. Die gerügten Mängel, die fehlenden Belege und Quittungen wies er aus der für das Institut vortheilhaftesten Art des Ankaufs nach: „den grössten Vortheil habe ich für die Bibliothek bei den schlechten Einkünften dadurch geschafft, dass meine Freunde auf auswärtigen Auctionen für mich Bücher gekauft, die dann nicht so hoch gingen, als wenn sie für eine fremde Bibliothek gekauft wären". Mit Recht beschwert sich Dähnert über die „Verdacht erregenden" Anmerkungen der Deputation: auf den Vorwurf, dass er auch Greifswalder Programme, die doch auf der Bibliothek vorhanden sein müssten, angekauft habe, erklärte er, dass 1747 bei seinem Amtsantritt alle losen Schriften mit den kostbaren Convoluten der Nettelbladt'schen Bibliothek[1]) im alten Auditorium auf einem Steinboden hingeworfen, wo sie durch Feuchtigkeit zu Schutt und Moder verwandelt wurden: daher musste er fast alle Programme nachschaffen.

Auf Dähnert's Rechtfertigung nahm das Concil wenig Rücksicht. Unter dem 7. April 1780 wurde er aufgefordert eine genaue Specification der Schulden und Bestände der Bibliothek einzureichen: am 25. Mai wurde die Mahnung wiederholt und am

---

[1]) Meist Schwedische und Livländische Sachen. Auch sie sind von Dähnert catalogisirt.

26. Juni und 26. October sogar bei Strafe von 10 Thlrn. abermals eingeschärft. Dähnert's Trotz erscheint ebenso begreiflich wie das Verfahren des Concils gegen ihn unwürdig. Schon vorher, am 6. Mai, war ihm alles eigenmächtige Bücherkaufen untersagt worden.

Um der bedrängten Casse etwas aufzuhelfen hatte Dähnert unter dem 11. April 1780 die durch die Erwerbung der Droysen'schen Bibliothek in den alten Beständen entstandenen Doubletten zu verauctioniren vorgeschlagen [1]). Die Universität wandte sich an den Canzler, Fürsten Hessenstein, der sich auf einer Reise in Italien befand und von Neapel aus nicht nur den Verkauf erlaubte, sondern empfahl auch andere unnöthig gewordene Bücher zu verkaufen. Das Concil war aber einsichtig genug auf diesen gänzlich unbibliothekarischen Gesichtspunkt nicht einzugehen und lehnte den Vorschlag dankend ab [2]).

Am 31. December 1780 überreichte Dähnert endlich die Designation der Schulden, sie betrug nur 154 Thlr. Aber damit hatte diese fatale Angelegenheit noch nicht ihr Ende erreicht. Im Mai des Jahres 1781 meldeten sich noch weitere Gläubiger, der Buchhändler Röse in Greifswald mit 170 Thlr. und der Buchbinder Röhl mit 68 Thlrn. Forderungen an die Bibliothek, die der Deputation zur Prüfung überwiesen wurden. Die letztere wurde von der akademischen Administration auf Vorschuss übernommen, wegen der ersteren entspann sich noch ein Streit um Rabatt zwischen dem Rector und dem Buchhändler. Durch diese dauernde Schuldenwirthschaft Dähnert's wurde das Concil immer mehr verstimmt und lehnte auch Vorschläge desselben, welche für die Bibliothek höchst nutzbringend waren, ab: so hatte er am 17. Mai 1781 vorgeschlagen die beiden grossen Sammlungen von Graevius und Gronovius (Thesaurus antiquitatum), welche in einer Auction in Altenburg verkauft werden sollten, für 80 Thlr. zu erstehen, das Concil bestimmte aber, es sollten vor der Hand überhaupt keine Bücher gekauft werden, machte jedoch bald darauf zu Gunsten des Professor Möller, der ein schwedisches Werk über Wasserbaukunst Dähnert für die Bibliothek anbot, von ihm aber abgewiesen war, eine Ausnahme und zwang den Bibliothekar es zu kaufen.

---

[1]) Er gab bei dieser Gelegenheit an, dass die Bibliothek nach den 4 Inventaren 20,472 Bände zähle. Die Vermehrung war also seit 1775 (ca. 20,000 Bde.) nicht erheblich gewesen: das Geschenkbuch weist von 1776—1780 nur 25 Bände auf. — [2]) Auch diese Acten in H 32 b. Vol. 3.

Die Revision der Rechnungen zog sich noch bis ins Jahr 1782 hin: am 26. Februar 1782 wurde bestimmt, Dähnert solle die fehlenden Belege beibringen oder einen Eid ablegen, dass die Gelder richtig verausgabt seien. Von 1780 an hat er die Rechnungen nicht mehr geführt: sie fehlen im Rechnungsbuch, finden sich aber bei den Acten der Revisionscommission aus den Administrationsrechnungen später ergänzt. Auch in den letzten Jahren fehlte es nicht an Ueberschreitungen, denn Einnahme und Ausgabe betrugen:

	Einnahme	Ausgabe
1780/81:	189 Thlr. 47 gl.	198 Thlr. 40 gl.
1781/82:	872 " $15^3/_4$ "	900 " 18 "
1782/83:	140 " 19 "	181 " $10^1/_4$ "
1783/84:	122 " — "	111 " $19^3/_4$ "
1784/85:	126 " $8^3/_4$ "	120 " 41 "

Die grossen Zahlen des Jahres 1781/82 erklären sich aus dem Umstande, dass in diesem Jahre eine andere für Dähnert unerfreuliche Angelegenheit zum Abschluss kam. Er war seit längerer Zeit der Universitätscasse einen grösseren Betrag für eingegangene Holz- und Torfgelder schuldig, den er zum grössten Theil baar wiedererstattet hatte, für einen Rest von 479 Thlrn. wünschte er Bücher, die er nach und nach aus eigenen Mitteln, aber in der Absicht sie bei guten Cassenverhältnissen der Bibliothek einzuverleiben, angekauft hatte, angenommen zu sehen. Die Verhandlungen darüber zogen sich zwischen ihm, dem Concil und der durch den Recess von 1775 eingerichteten akademischen Administration von 1777—1781 hin, bis endlich alle Theile Dähnert's Vorschlag zustimmten[1]), und so wurden 1781/82 die rückständigen 479 Thlr. in die Bibliotheksrechnung in Einnahme und Ausgabe gestellt. Eine weitere ausserordentliche Einnahme erhielt die Bibliothek in demselben Jahr durch 218 Thlr. „Staatsbesparungen", d. h. Ersparnisse aus andern Etats der Universität[2]).

Hand in Hand mit der Revision der Bibliotheksrechnungen ging in den Jahren 1778—1780 auch die Revision der Bibliothek selbst[3]). Der neue Recess von 1775 hatte die alte Ver-

---

[1]) Die Acten in H 37. — [2]) H 32 b. Vol. 3. — [3]) H 44.

ordnung der Instruction von 1749 wiederholt, nach welcher die Revision der Bibliothek zu Pfingsten durch Rector und Decane alljährlich erfolgen sollte. Bei dem damaligen Umfang der Bibliothek von ca. 6000 Bänden (vor Ankauf der Bötticher'schen Bücher) war die Ausführung allenfalls möglich, nachdem aber die Bibliothek in 26 Jahren auf das Dreifache ihres Bestandes gewachsen war, war es für Rector und Decano eine starke Zumuthung diese Büchermenge zu revidiren. Dazu kam, dass ein Standortscatalog der Bibliothek nicht existirte, Dähnert auch in den letzten Jahren (wann ist nicht ersichtlich) erhebliche Veränderungen in der Aufstellung hatte vornehmen müssen. Da eine Revision nach den Inventaren nur von den Beamten der Bibliothek hätte ausgeführt werden können (die Bücher waren nicht nach denselben aufgestellt), so beschlossen Rector (Muhrbeck) und Concil vor der ersten Revision, die für Pfingsten 1779 in Aussicht genommen war, besondere Repositoriencataloge anzulegen, wagten aber nicht Dähnert, der diese Arbeit für gänzlich überflüssig hielt, dieselbe aufzubürden. Ein Adjunct der philosophischen Facultät, Magister Warnekros, erbot sich für 30 Thlr. die Repositoriencataloge, welche nur ganz kurz Titel und Accessionsnummer der Bücher enthalten sollten, anzulegen, steigerte allerdings bei näherer Betrachtung der Arbeit seine Forderung auf 80 Thlr., schliesslich war er mit 50 Thlrn. zufrieden. Da aber diese Cataloge nicht sofort fertig werden konnten, so legte der neue Rector Röhl[1]) eine aus den Accessionsnummern der vier Formate bestehende Liste an, nach welcher mit Dähnert's Hilfe im Sommer 1779, vom 25. Mai bis 9. August, die Bibliothek revidirt wurde: die Revision ergab nur geringe Defecte. Bei derselben ereignete sich jedoch ein tragi-komischer Vorfall, indem gerade während der Revision von dem Diener des Rectors eine Reihe Romane aus der Bibliothek entwendet wurde. Der Bibliotheksdiener Lindemann erhielt davon Kenntniss und es gelang die Bücher wiederzubekommen, nachdem der Schuldige von dem Universitätssyndicus vernommen war[2]). Die Standortscataloge des Magister Warnekros sollten übrigens nicht in der Bibliothek

---

[1]) Mathematiker 1775—1790. — [2]) Von einem früheren Bücherdiebstahl berichtete Dähnert am 7. Dec. 1771 der Untersuchungscommission. Die Bücher waren aus Göttingen wieder nach Greifswald zurück gelangt. Baumstark, die Univ. Greifswald etc. S. 42.

aufbewahrt werden, sondern unter Verschluss des Rectors bleiben: ein höchst umständliches Verfahren, welches das nothwendige Nachtragen neuer Bücher so viel wie möglich erschwerte.

Aus Dähnert's letzten Lebensjahren sind noch zwei Ereignisse zu erwähnen: der Ankauf der Schwartz'schen Handschriftensammlung und der Verlust der Salvius'schen Briefschaften. Der Historiker Albert Georg von Schwartz hatte einen nicht unbeträchtlichen handschriftlichen Nachlass, meistens Sammlungen zur Pommerschen Geschichte enthaltend, hinterlassen[1]). Schon 1764[2]) hatte seine Wittwe denselben für 1000 Thlr. der Universität angeboten; Dähnert taxirte den Werth jedoch nur auf 2—300 Thlr., behielt aber auf Wunsch der sehr beschränkt wohnenden Professorin Schwartz die Handschriften in seinem Hause. Nach dem Tode der Frau Schwartz wandte sich 1778 die Tochter derselben, Elisabeth von Schwartz, welcher die Handschriften des Vaters 1772 von ihrer Mutter vermacht waren, an das Concil und verklagte Dähnert auf Herausgabe derselben. Dähnert musste sie einer vom Concil eingesetzten Commission, aus Gadebusch und Möller bestehend, aushändigen, welche dieselben prüften, am 22. Sept. 1778 in einem eingehenden Gutachten den Werth auf 400—500 Thaler feststellten und den Ankauf dem Concil empfahlen. Dasselbe war bereit gegen eine an die Erbin zu zahlende Rente von 20—25 Thalern die Manuscripte zu übernehmen, diese erklärte sich mit 25 Thalern zufrieden (5. Oct. 1778). Da aber das Concil verlangte, sie sollte den Verzicht ihrer beiden Brüder, von denen der eine als Hauptmann in dänischen Diensten gestorben, der andere seit 16 Jahren in Russland verschollen war, beibringen, so zog sich die Sache endlos in die Länge. Auch die Zustimmung des in Italien weilenden Canzlers, des Fürsten Hessenstein, verzögerte sich: schliesslich starb am 26. Januar 1783 Elisabeth von Schwartz; die Erben des dänischen Bruders erhielten 200 Thaler, weil sie drohten die Handschriften an die Kopenhagener Bibliothek zu verkaufen, wozu endlich am 26. Februar 1785 der Vicecanzler Fürst Putbus seine Einwilligung ertheilte.

Unerfreulicher für Dähnert lief die andere Angelegenheit ab[3]).

---

[1]) Er starb 1755. — [2]) II 36. — [3]) H 47.

Wie oben erwähnt hatte 1763 A. v. Balthasar bei seiner Versetzung an das Tribunal in Wismar Dähnert 27 Fascikel Briefschaften des schwedischen Gesandten beim Westphälischen Frieden, Johann Adler Salvius, als Depositum übergeben. 1775 „machte sich", wie Dähnert in das Geschenkbuch der Bibliothek eintrug, „der Herr Präsident von Keffenbrinck in Stettin als den Eigner von den im Jahre 1763 von den Herrn Ass. von Balthasar bey der Bibliothek deponirten Salvius'schen Manuscripten bekannt, declarirte die völlige Abtretung und Schenkung derselben an die Bibliothek und forderte von dem Bibliothecario ein Recepisse darüber, damit seine Erben Nachricht hätten, wie er über diese bey seiner Familie lange gewesenen Schriften disponiret hätte." Seitdem betrachtete Dähnert diese Sammlung als Bibliothekseigenthum, er brachte sie in bessere Ordnung und trug sie in seinen Handschriftencatalog ein. Um so grösser war seine Verwunderung, als plötzlich im Jahre 1782 Balthasar die Rückgabe der Salvius'schen Handschriften nach Wismar verlangte, deren er dringend bedürfe. Umsonst protestirte Dähnert unter Berufung auf die Keffenbrinck'sche Schenkung von 1775; Balthasar wiederholte seine Forderung, brachte eine Erklärung des Sohnes des inzwischen verstorbenen Präsidenten von Keffenbrinck bei, der von jener Schenkung nichts zu wissen angab, verklagte die Universität bei dem Tribunal in Wismar und beschwerte sich bei König Gustav III. Dähnert suchte seine Collegen vergeblich für die Salvius'schen Handschriften zu interessiren; es scheinen andere, aus den Acten nicht ersichtliche Einflüsse mitgewirkt zu haben, dass die Universität, nachdem bereits der Rechtsweg beschritten war, die Sache fallen liess: Ende 1782 wurden die Manuscripte an Balthasar nach Wismar ausgeliefert, der sie, wie man sich Ende des Jahrhunderts in Greifswald erzählte, alsbald dem Schwedischen Hofsecretair Fredenheim zum Geschenk verehrte, um denselben günstig für die seiner Tochter Anna Ehrenfried verwittwete von Essen zu bewilligende Pension zu stimmen [1]).

Dähnert hat die Kränkung, die ihm der Verlust der Salvius'schen Manuscripte verursachte, nur noch wenige Jahre überlebt. Seine Gesundheit war, wie sein Biograph Piper mittheilt [2]), schon

---

[1]) Notiz Piper's von 1795 in II 47 am Ende. — [2]) Piper, Gedächtnissschrift S. 40 ff.

in jüngeren Jahren immer sehr wandelbar, schwach und zweideutig gewesen: 1753 und 1773 war er von schweren Krankheiten heimgesucht. Von der letzteren, die ihn in Stralsund befiel, scheint er sich nicht erholt zu haben, denn seitdem „fiel es ihm zu unbequem und wegen der Winterkälte die ihm nach seiner Bestallung obliegenden Stunden und den öffentlichen Unterricht auf dem Bibliotheken-Saal abzuwarten, dabei er doch alles in der besten Ordnung erhielt und viel auf dem Zimmer zu ihrem Behufe arbeitete." Seit 1780 wurde er immer hinfälliger, wie sich auch aus seinen unsicheren Schriftzügen erkennen lässt: am 24. Mai 1785, nachdem er noch von 1784/85 Rector der Universität gewesen war, traf ihn ein Schlaganfall, an dessen Folgen er am 5. Juli 1785 verschied. Er erreichte ein Alter von 65 Jahren, fast 38 Jahre hat er die Bibliothek verwaltet.

Als Dähnert 1747 sein Amt antrat, bestand dieselbe aus 5300 Bänden, auf das Fünffache war sie bei seinem Tode gebracht. Rastlos war er bemüht das ihm anvertraute Institut zu vermehren, zu verbessern, dem Publicum nutzbar zu machen. Die Schwierigkeiten, die ihm dabei hemmend in den Weg traten, waren nicht gering, vor allem der Mangel an Mitteln, die Gleichgültigkeit seiner meisten Collegen. Trefflich verstand er die sich ihm darbietenden Gelegenheiten zu benutzen, auch in weiteren Kreisen Interesse für die Greifswalder Büchersammlung zu erregen. So kam es, dass während seiner Amtsführung reiche Geschenke derselben zuflossen.

Unter den Greifswalder Professoren aus der zweiten Hälfte des vorigen Jahrhunderts war Dähnert unstreitig einer der bedeutendsten: aber seine Bedeutung liegt für Greifswald weniger in seinen zahlreichen Werken auf dem Gebiete der Geschichte und des heimischen Staatsrechts, oder in seiner durch ungekünstelte Beredsamkeit und natürlichen Fluss schriftlicher und mündlicher Darstellung [1] erfolgreichen Lehrthätigkeit, als in seiner stillen, anspruchslosen, hingebenden Arbeit für die Universitäts-Bibliothek, für die ihm bei Lebzeiten nicht immer der gebührende Dank zu Theil geworden. Die Worte, mit denen Piper 1786 seine Gedächtnissschrift auf Dähnert schliesst, beweisen, dass nach

---

[1] Müller, A. E. v. Balthasar S. 45/46.

seinem Tode auch diese Seite voll gewürdigt worden ist: Dähnert, heisst es hier, war in seinem ganzen Leben ein gemeinnützig thätiger Mann, der Verbesserer des Geschmacks in seinem Vaterlande und des Lehrwesens auf der Akademie, der Stifter vieler nützlichen Einrichtungen und die Zierde seines Zeitalters in der Provinz[1]).

---

[1]) Piper S. 45.